Helmut Schmidt / Giovanni di Lorenzo

Verstehen Sie das, Herr Schmidt?

Kiepenheuer & Witsch

MIX
Papier aus verantwortungsvollen Quellen
FSC® C083411

Verlag Kiepenheuer & Witsch, FSC® N001512

1. Auflage 2013

Redaktionelle Mitarbeit: Jan Patjens
Umschlaggestaltung: Rudolf Linn, Köln
Umschlagmotiv: © Sigrid Reinichs für ZEITmagazin
Gesetzt aus der URW Garamond und der URW Bodoni
Satz: Buch-Werkstatt GmbH, Bad Aibling
Druck und Bindung: CPI books GmbH, Leck
ISBN 978-3-462-04592-5

Das Buch

Mit ihrem Interview-Band »Auf eine Zigarette mit Helmut Schmidt« haben sie Hunderttausende Leser begeistert, nun legen Giovanni di Lorenzo und Helmut Schmidt ihre neuen Gespräche vor. Unter dem Titel »Verstehen Sie das, Herr Schmidt?« hat der Chefredakteur den Herausgeber der *ZEIT* mehr als zwanzig Mal zum Zeitgeschehen befragt, seit September 2009 sind die Interviews in loser Folge im *ZEITmagazin* erschienen.

Dass der Altkanzler für seine Analysen diesmal nicht bloß eine, sondern mehrere Zigarettenlängen braucht, hat den berühmten Schmidt-Sound nur noch verstärkt. Kein Wunder also, dass Giovanni di Lorenzo des Öfteren die »Nehmerqualitäten des wackeren Fragestellers« (Denis Scheck) unter Beweis stellen muss.

In den neuen Gesprächen geht es unter anderem um die Bilanz der schwarz-gelben Koalition und die Lage der SPD, um den Atomausstieg, die Wutbürger und die Piratenpartei, um die Tötung Osama bin Ladens und die Schuldenkrise in Europa. Immer wieder spricht Schmidt auch über ganz private Erinnerungen und liefert überraschende Einschätzungen – zum Beispiel über »diese Jungs, die da in Manhattan die Investmenthäuser belagern«.

Die Autoren

Helmut Schmidt, geboren 1918 in Hamburg, war von 1974 bis 1982 Bundeskanzler der Bundesrepublik Deutschland und ist seit 1983 Mitherausgeber der Wochenzeitung *DIE ZEIT.* Schmidt ist bis heute im In- und Ausland als *elder statesman* und Publizist hochgeachtet, seine politischen Urteile und historischen Erfahrungen gewichtig und gefragt. Zuletzt erschien sein gemeinsam mit Peer Steinbrück verfasstes Gesprächsbuch »Zug um Zug«.

Giovanni di Lorenzo, 1959 in Stockholm geboren, arbeitete nach Abschluss des Studiums in München zunächst als politischer Reporter und Leiter des Reportageressorts »Die Seite Drei« bei der *Süddeutschen Zeitung.* Seit 1989 moderiert er die Fernsehtalkshow *3 nach 9* von Radio Bremen. 1999 wurde er zum Chefredakteur der Berliner Tageszeitung *Der Tagesspiegel* berufen. 2004 wechselte er als Chefredakteur zur Wochenzeitung *DIE ZEIT.* 2010 veröffentlichte er zusammen mit Axel Hacke bei KiWi das Buch »Wofür stehst du?«.

KiWi
1356

Vorwort

Wie ist der Satz »Wer Visionen hat, sollte zum Arzt gehen« überhaupt in die Welt gekommen?

Es war eine pampige Antwort auf eine dusselige Frage.

Neuerdings hat er immer wieder selbst eine Frage. Er stellt sie, wenn am Freitagmittag die Politikkonferenz der *ZEIT* zu Ende ist. Die meistens Kollegen haben dann schon den engen Raum verlassen, er selber wartet, bis ihm jemand hilft, seinen Rollstuhl durch die Tür zu bewegen. Er fragt also: »Glauben Sie, dass ich eben Unsinn geredet habe?«

Man ist versucht, dies als Koketterie abzutun, denn auf den Gedanken wäre man gar nicht gekommen: Helmut Schmidt wirkte eben noch wach und engagiert wie eh und je. Dann aber ist man doch angerührt, weil man merkt, wie wichtig ihm die Antwort ist. Vielleicht auch, weil man an einige ältere Freunde oder an die eigenen Eltern denkt, die jünger sind – und trotzdem gelegentlich so wirken, als hätten sie schon erste Aussetzer.

Helmut Schmidt aber scheint gegen die Vergreisung und andere Plagen des Alters auf wundersame Weise gewappnet zu sein. Er hat lange schon ein Gegenmittel gefunden, von dem er so gut wie keinen Tag lassen kann. Nein, es sind nicht die vielen Reyno-Zigaretten, die er immer noch unverdrossen raucht, sogar auf einem SPD-Parteitag, auf dem für alle anderen ein striktes Rauchverbot gilt. Es ist ein Stoff, den er noch stärker braucht als Nikotin: Arbeit. »Wenn ich damit aufhöre«, hat er einmal nach einem unserer Gespräche gesagt, »dann gehe ich ein.«

Dem Wirkstoff Arbeit ist mit Sicherheit auch diese Gesprächsreihe zu verdanken, die es eigentlich gar nicht geben sollte. Was hat der Altkanzler und *ZEIT*-Herausgeber nicht alles vorgetragen, um sich der Pflicht zum wöchentlichen Interview »Auf eine Zigarette mit Helmut Schmidt« endlich zu entledigen: zu anstrengend, zu kurz in der Form, zu unterhaltsam! Im Januar 2009 stellten wir die beliebte Kolumne im *ZEITmagazin* tatsächlich ein. Aber schon beim ersten Zusammentreffen danach fragte Helmut Schmidt völlig überraschend: »Was können wir denn als Nächstes machen?«

So entstand die Idee zu einer neuen Gesprächsreihe unter dem Titel »Verstehen Sie das, Herr Schmidt?«, mit Betonung auf dem *Sie*. Dieses Format kam ihm insofern entgegen, als die einzelnen Interviews um einiges länger sein und nicht mehr wöchentlich im Magazin erscheinen sollten. Für uns bestand der besondere Reiz darin, dass Helmut Schmidt sich damit auf etwas einließ, das er sonst zu vermeiden versucht: das Räsonieren und Kommentieren aktueller Ereignisse. So sind die auf den folgenden Seiten abgedruckten 22 Gespräche auch ein spannendes Abbild von drei Jahren Zeitgeschichte. Sie umfassen hochdramatische weltpolitische Ereignisse – den Zusammenbruch der Finanzmärkte zum Beispiel, den Volksaufstand in mehreren arabischen Ländern oder den GAU in Fukushima und den darauf folgenden Beschluss der schwarz-gelben Regierung zum Atomausstieg in Deutschland.

In diese Zeit fiel aber auch die größte persönliche Katastrophe für Helmut Schmidt: der Tod von Loki in der Nacht zum 21. Oktober 2010. 68 Jahre war er mit ihr verheiratet, kennengelernt hatte er sie, als sie beide zehn Jahre alt waren und in dieselbe Klasse an der Lichtwarkschule in Hamburg-Winterhude kamen. Nie zuvor haben sich die Menschen, die ihm nahe sind, so viele Sorgen um Helmut Schmidt gemacht wie in den Wochen des Sterbens seiner Frau. Der Trauergottesdienst im Hamburger Michel fand am 1. November statt, das Fernsehen übertrug die Zeremonie, und die Kameras sparten keine Einstellung aus. Sie hielten auch auf das schmerzverzerrte Gesicht von Helmut Schmidt, dem Alleingebliebenen. Es war kaum auszuhalten.

Danach gab es einen kleinen Empfang im Hotel Vier Jahreszeiten, an dem die Familie Schmidt und enge Freunde teilnahmen. Auch der Schriftsteller Siegfried Lenz war gekommen, auch er körperlich vom Alter gezeichnet. Irgendwann sagte Schmidt zu Lenz: »Siggi, eine Runde haben wir noch!« Helmut Schmidt machte sich wieder an die Arbeit. Schon kurz darauf fand das nächste Gespräch für das *ZEITmagazin* statt (Seite 135).

Man kann leicht den Eindruck gewinnen, er sei ein schwieriger Gesprächspartner, weil er fordernd und abweisend sein kann. Tatsächlich kann niemand so nervenaufreibend schweigen wie Helmut Schmidt, und wenn er einer Frage sein apodiktisches »Nö« entgegenhält, ist das für sein Gegenüber so, als würde er eiligen Schrittes gegen eine Glastür laufen. Aber im Großen und Ganzen ist er ein dankbarer Interviewpartner. Das liegt nicht nur an seiner Pointensicherheit, an seiner Fähigkeit, Aktuelles auf der Folie der eigenen Biografie zu deuten, oder an seiner Bereitschaft, sich auch persönlich zu öffnen. Einzigartig an ihm ist - man kann das angesichts der Erfahrung mit anderen aktiven und ehemaligen Politikern nicht oft genug herausstellen -, dass er Fragen nicht übel nimmt. Auch dann nicht, wenn sie zu deutlichen Meinungsverschiedenheiten führen, wie es in diesem Buch an manchen Stellen sichtbar wird, etwa wenn es um die Frage geht, ob er nicht mehr über die Verfolgung und Ermordung der Juden während des Nationalsozialismus hätte wissen können, oder um seine strikte Ablehnung militärischer Interventionen in heutigen Diktaturen, selbst wenn dort gerade Zivilisten massakriert werden. Solche Differenzen bleiben bestehen, wenn das Tonband ausgeschaltet ist, was eben auch zeigt: Helmut Schmidt ist nicht das Orakel von Hamburg-Langenhorn (wo er bis heute in einem flachen, polizeigeschützten Bungalow lebt, der noch ganz im Stil der sechziger Jahre gehalten ist), zu dem man ihn hier und da gerne stilisiert. Er ist ein streitbarer Mensch mit entschiedenen Meinungen, der seinen Zuhörern nicht nach dem Mund redet und allen Versuchen, ihn zum Vorbild zu machen, unwirsch begegnet.

Helmut Schmidt schaut bis heute skeptisch auf jene seltene Art von Politikern, die Charisma besitzen. Göring, Goebbels und ganz besonders Hitler, sagt er, hätten diese Gabe für die abscheulichsten Verbrechen benutzt. Wenn er heute an politische Leitfiguren mit großer Ausstrahlung denkt, dann ist er schnell bei Oskar Lafontaine, aber der ist für ihn, wie hier im Buch mehrmals nachzulesen ist, auch eher ein Gottseibeiuns. Viel wichtiger, so findet er, seien Politiker, die ein Land kenntnisreich und mit Verantwortungsgefühl regierten.

Wenn er so redet, dann denkt man an die vielen Porträts aus seiner Zeit als Minister und Bundeskanzler, in denen er als pflichtbewusster und effizienter Machtmensch beschrieben wird, als Gegenentwurf zu seinem Rivalen und Mitstreiter Willy Brandt, an dessen Charisma im Nachkriegsdeutschland niemand heranreicht.

Aber natürlich ist Helmut Schmidt inzwischen

selbst eine Persönlichkeit mit großer Ausstrahlung. Sie schöpft aus ganz eigenen Quellen: der Standfestigkeit, der intellektuellen Redlichkeit, der Bereitschaft, Gegenwind auszuhalten. Und aus der Fähigkeit, ein Jahrhundert nicht nur zu leben, sondern auch zu denken.

Giovanni di Lorenzo, Ende Juli 2012

»Man muss etwas riskieren«

Über den Bundestagswahlkampf 2009

September 2009. Die Bundestagswahl steht unmittelbar bevor. Angela Merkel und Frank-Walter Steinmeier, eben noch Partner in der Großen Koalition, kämpfen nun gegeneinander um Stimmen. Von politischer Leidenschaft oder gar Aufbruchstimmung ist in Deutschland allerdings nur wenig zu spüren. Der Einsatz der Bundeswehr in Afghanistan spielt im Wahlkampf kaum eine Rolle, obwohl das Thema die Öffentlichkeit sehr bewegt.

Herr Schmidt, alle Welt beklagt sich, dass dieser Wahlkampf so langweilig sei. Und dann wird voller Sehnsucht an die Schlachten der alten Kämpen erinnert, als zum Beispiel Helmut Schmidt noch Franz Josef Strauß abwehren musste. Wie empfinden Sie denn den Wahlkampf?

Zunächst einmal stimmt es, dass dieser Wahlkampf relativ langweilig ist. Wenn in der Kritik aber die Vorstellung mitschwingt, zu einem ordentlichen Wahlkampf gehörten Verbalinjurien, dann kann ich das nicht teilen. Was ich an diesem Wahlkampf auszusetzen habe, ist der Umstand, dass Themen, die die Menschen sehr berühren, nicht wirklich behandelt werden.

Welche Themen sind das?

An erster Stelle unser militärisches Engagement in Afghanistan. Zweitens die Frage, wie wir die finanzielle Stabilität unseres Sozialstaats aufrechterhalten können. Und drittens, wie wir mit dem großen Schuldenberg fertigwerden, der nicht nur den Sozialstaat bedroht, sondern auch die politische Handlungsfähigkeit kommender Generationen.

Fangen wir mit Afghanistan an. Auf Ihrem Schreibtisch liegt die Regierungserklärung der Kanzlerin. Sie hat den Einsatz erneut gerechtfertigt und Bündnistreue geschworen.

Viel anderes als das, was in ihrer Erklärung steht, hätte sie nicht sagen können. Eine ganz andere Frage ist, ob es nicht schon lange vor dem Wahlkampf tief greifende wiederholte Debatten im Parlament hätte geben müssen. Viele militärische Fachleute haben diese Operation von Anfang an mit großen Zweifeln begleitet. Meistens ganz leise, um nicht als Heckenschützen dargestellt werden zu können, aber doch mit Substanz. So zum Beispiel mein Freund Volker Rühe. Und ich selbst habe vor etwas mehr als einem Jahr versucht, Frau Merkel, ihrem Kollegen Jung und dem Generalinspekteur der Bundeswehr meine Vorstellungen in einem längeren Gespräch nahezubringen. Auch sehr leise, wir sind damit nicht in eine Zeitung gegangen.

Was war denn Ihre Empfehlung?

Es lief darauf hinaus, sich darüber klar zu werden, was der Westen kann und was er will - und darüber, ob beides zur Deckung gebracht werden kann. Mit den bisherigen Operationen, die nun schon seit fast einem Jahrzehnt laufen, ist das immer unschärfer gewordene Ziel offenbar nicht erreichbar.

In Afghanistan geht es darum, so heißt es, eine stabile Demokratie aufzubauen, die Taliban zu entmachten und der zum Teil übel unterdrückten Bevölkerung, besonders den Frauen, zu mehr Selbstbestimmung zu verhelfen.

Das sind Ziele, die nachträglich in den Vordergrund gestellt worden sind. In erster Linie ging es darum, al-Qaida die Grundlage zu entziehen. Das war das allererste und wichtigste Ziel des UN-Beschlusses - und das hat man nicht erreicht. Zwar ist in Afghanistan nichts mehr von al-Qaida zu sehen, dafür aber im Westen Pakistans, nur ein Haus weiter. Man hätte vorher wissen können, dass man dieses Ziel mit den Mitteln, die man zur Verfügung hatte, nicht erreichen kann.

Hätte man noch mehr Soldaten hinschicken müssen?

Richtig. Die Sowjets hatten etwas weniger als

150 000 Soldaten in Afghanistan – und mussten nach knapp zehn Jahren mit eingezogenem Schwanz wieder rausgehen. Wenn man in Afghanistan militärische, politische und soziale Stabilität herstellen will, dann reichen selbst 200 000 Soldaten offenbar nicht aus.

Aber wo ist dann der Ausweg? Sollen die Truppen aufgestockt werden, oder ist der Einsatz sinnlos geworden?

Ich möchte erst mal wissen, was der Westen will. Denn das Ziel ist unklar geworden, das kann man auch der Regierungserklärung von Frau Merkel entnehmen; denn sie schlägt für den Herbst dieses Jahres eine UN-Konferenz vor, um Klärung herbeizuführen. Ich habe den Einsatz der Bundeswehr in Afghanistan von Anfang an mit Skepsis begleitet. Ich habe jedoch größten Respekt vor den jungen Männern und Frauen, die dort ihr Leben riskieren. Ich möchte nicht dazu beitragen, dass ihre Bereitschaft, das zu tun, was ihre Regierung angeordnet hat, beeinträchtigt wird.

Aber wie soll denn über Afghanistan diskutiert werden, wenn nicht einmal Sie eine Antwort haben?

Immerhin habe ich ein paar Elemente genannt, und ich bleibe dabei: Der Komplex von Fragen hätte im Parlament längst tief greifend diskutiert und dann im Wahlkampf zugespitzt werden müssen. Das kann man nicht von heute auf morgen mit Schlagworten nachholen.

Helmut Kohl, Ihr Nachfolger als Bundeskanzler, hat einmal zu mir gesagt: Wenn man selbst den Krieg erlebt hat, so wie er und Sie, dann schickt man keine Soldaten mehr in den Krieg.

Jedenfalls hat man ganz große Bedenken, wenn man weiß, was für eine schreckliche Scheiße ein Krieg ist. Da gebe ich Helmut Kohl recht.

Wenn man Politikern ihre Abneigung vorwirft, sich im Wahlkampf auf etwas festzulegen, dann sagen sie: Wir haben aus der letzten Wahl gelernt; die Wähler bekommen den Wahlkampf, den sie wollen; je mehr wir sagen, desto weniger Stimmen gewinnen wir.

Ich halte das für bedenkenswert, aber nicht für akzeptabel. Ich selber habe da meine Erfahrungen mit dem berühmt-berüchtigten Nato-Doppelbeschluss gemacht. Es war offensichtlich, dass mir weder meine Partei noch eine Mehrheit der öffentlichen Meinung folgen wollte. Gleichwohl habe ich gesagt: Das ist notwendig im Interesse des deutschen Volkes, und deshalb machen wir das.

Es hat Sie die eigene Regierung gekostet!

Das muss man riskieren. Ein Politiker, der das nicht riskieren will, taugt nichts für die demokratische Regierung.

Die SPD liegt derzeit in Umfragen bei etwa 25 Prozent. Würden Sie sagen, dass sie jetzt den Preis dafür bezahlt, dass sie die Agenda 2010 umgesetzt hat?

Würde ich nicht sagen, nein.

Warum nicht?

Jetzt wollen Sie mich in die Lage bringen, meine eigene Partei zu kritisieren.

Ich frage nur, ob es in Ihren Augen nicht ungerecht ist, dass die SPD zwar das Richtige für das Land getan hat, aber dafür bis heute büßen muss.

Würde ich nicht unterschreiben.

Sie meinen, es gibt andere Gründe für die schlechten Umfragewerte als die Agenda 2010?

Die Agenda 2010 spielt durchaus eine Rolle. Aber sie ist nicht der ausschlaggebende Grund.

Ist es nicht furchtbar, mitanzusehen, wie die stolze, große SPD plötzlich so klein wird?

Ich möchte mich dazu nicht äußern.

Was müsste eine Kanzlerin oder ein Herausforderer den Menschen jetzt im Wahlkampf sagen?

Jetzt ist es zu spät. Wir haben tief im September, an dieser Art von Wahlkampf ist nichts mehr zu ändern. Man hätte von beiden Regierungsparteien verlangen können, dass sie klar und deutlich verteidigen, was sie in den letzten vier Jahren gemeinsam getan haben. Aber das geschieht kaum.

Warum eigentlich nicht?

Aus Feigheit vor Meinungsumfragen.

Was hat denn diese Regierung gut gemacht?

Eine ganze Menge. Ich würde umgekehrt fragen: Was hat sie denn eigentlich falsch gemacht?

Man könnte ihren Versuch nennen, Opel zu retten. Oder die Abwrackprämie und die Gesundheitsreform.

Opel: einverstanden. Abwrackprämie: einverstanden. Gesundheitsreform: nicht einverstanden – aber das kann ich nicht ausreichend beurteilen. Abwrackprämie und Opel sind jedoch bereits Beiträge zum Wahlkampf gewesen.

War die Rettungsaktion nach Ausbruch der Krise gut?

Es wird Sie wundern, was für ein Wort ich jetzt benutze: Die ökonomische Rettungsaktion nach dem Bankenkrach in New York, der die Welt mit der Gefahr einer Weltdepression konfrontiert hatte, durch das Team Merkel und Steinbrück war hervorragend. Diese beiden Personen haben ihre Sache so erstklassig und glaubwürdig gemacht, dass die Deutschen erstmals nicht mit ansteckender Angst reagiert haben. Es ist ein Fehler der Journalisten, das nicht zu konstatieren.

Aber wie können sie mit der Schuldenlast fertigwerden?

Das ist ein wichtiges Thema, besonders weil eine der beiden Volksparteien allen Ernstes davon redet, in der nächsten Legislaturperiode die Steuern senken zu wollen. Das ist Unfug – und sollte der Opposition eigentlich eine Menge Munition liefern.

Die andere Regierungspartei behauptet, sie wolle die Reichen stärker besteuern. Ist das nicht auch Unfug?

Kommt darauf an, was wirklich im Detail gemeint ist. Unter Adenauer, Erhard, Kiesinger, Brandt und Schmidt wurden die Reichen in Deutschland stärker besteuert als heute. Und damit sind wir sehr gut gefahren. Es ist also kein Unfug, die Wohlhabenden stärker zu besteuern. Wenn man es aber so macht, dass sie ihr Vermögen mit ziemlicher Leichtigkeit in die Schweiz oder nach Liechtenstein verlagern können, dann hat man es nicht gut gemacht. Steinbrück hat sich mit scharfen Worten an die Regierungen dieser kleinen Staaten gewandt. Jetzt sind die Schweiz und Liechtenstein dabei, einzuknicken. Gott sei Dank, das ist ein großer Fortschritt!

Trotzdem: Wie werden wir mit den Schulden fertig?

Jedenfalls nicht durch Steuersenkungen und auch nicht notwendigerweise durch Steuererhöhungen. Sondern durch den Ablauf der Zeit.

Das heißt durch Inflation?

Wir haben über längere Zeiträume hinweg immer eine schleichende Entwertung der Kaufkraft unserer Währung gehabt. Zwar hat sich die D-Mark in den fünfziger, sechziger und siebziger Jahren hervorragend bewährt, und der Euro bewährt sich deutlich besser als der Dollar - wir erwarten Währungsstabilität nach außen und nach innen. Dass aber auch der Euro über längere Zeit an Kaufkraft verlieren wird, das zeigt die Geschichte seit Jesus Christus.

Sie meinen, wir machen uns zu viele Gedanken über das Ausmaß der Schulden?

Ja, weil es in der Politik und im Journalismus Leute gibt, die immer etwas kritisieren müssen, taucht die Schuldenlast in Reden und Leitartikeln auf. So macht man den Leuten mehr Angst als nötig. Die Ökonomen auf der ganzen Welt, sofern sie vernünftig sind, haben sich längst damit abgefunden, dass eine Kaufkraftentwertung von zwei Prozent pro Jahr normal ist.

Was hat die erste Große Koalition unter Kiesinger von der heutigen unterschieden?

Die erste Große Koalition wurde von Personen gebildet, die sich noch kurz zuvor tief misstraut hatten: Kiesinger war ein ehemaliger Nazi, Wehner ein ehemaliger Kommunist. Und diese beiden waren die Eckpfeiler der Koalition! Das ist eine psychologische Hürde sondergleichen gewesen. Dagegen war es kein großes Kunststück, die zweite Große Koalition zu bilden. Sie war geboten - und damit Schluss.

In den USA schmähen Konservative und Rechtsradikale Präsident Obama wahlweise als Sozialisten oder Faschisten und werfen ihm Rassismus vor. Was sagt uns das über die amerikanische Gesellschaft?

Es zeigt, dass auch die amerikanische Demokratie anfällig ist für Dummheiten, sogar für Gemeinheiten. Und dass sie womöglich anfällig ist für Verbrechen.

Sie waren ein paar Monate lang krank. Wie geht es Ihnen jetzt?

Jedenfalls nicht besser als im Durchschnitt anderen Leuten, die neunzig Jahre alt sind.

Das birgt auch ein bisschen Hoffnung.

Hoffnung ist eigentlich nicht mein Fall.

Was heißt das?

Man muss es nehmen, wie es kommt. Das heißt es.

24. September 2009

Die neue Regierung, der Störfall Sarrazin und einige Erinnerungen an den 9. November

November 2009. Nach den »kürzesten Koalitionsverhandlungen, die es jemals gegeben hat« (Ronald Profalla), nimmt die schwarz-gelbe Regierung ihre Arbeit auf. Die SPD, bei den Wahlen im September auf 23 Prozent abgestürzt, muss sich nicht nur mit der neuen Oppositionsrolle auseinandersetzen, sondern auch mit Thilo Sarrazin. Seine Äußerungen im Interview mit der Kulturzeitschrift »Lettre International« über »kleine Kopftuchmädchen« und »türkische Wärmestuben« spalten die öffentliche Meinung. In Berlin und anderswo wird der zwanzigste Jahrestag des Mauerfalls gefeiert.

Lieber Herr Schmidt, haben Sie eine Vorstellung davon, was die neue Regierung will?

Das ist ganz schwer zu sagen. Auf jeden Fall sind CDU, CSU und FDP von dem Willen erfüllt, zu regieren: Alle drei denken, dass es gegen die göttliche Ordnung verstößt, wenn Sozialdemokraten an der Macht sind. Ansonsten tönt Schwarz-Gelb laut von Steuererleichterungen, und wenn Sie sich den Koalitionsvertrag, dieses *monstrum simile* mit seinen ...

... 124 Seiten ...

... 124 Seiten und 6000 Zeilen, genauer anschauen (holt das Papier unter einem Stapel anderer hervor), dann ist da von Entlastung des Mittelstandes und der Wirtschaft die Rede. Im ersten Kapitel, »Wohlstand für alle«, werden auch »goldene Regeln« aufgeführt, hier haben wir es gleich (blättert). Da steht in Gänsefüßchen: »Folgende ›goldenen Regeln‹ sind einzuhalten.« Diese Regeln sind zum Teil neu erfunden. Mir ist das recht, was die Koalition da schreibt, etwa in Zeile 557: »Das Ausgabenwachstum muss unter dem Wachstum des Bruttoinlandsproduktes (real) liegen.«

Soll wohl eine Art Kostenbremse sein.

Das bedeutet eine Beschneidung der Ausgaben. Das durchzusetzen wird unangenehm sein, und es widerspricht dem allgemeinen Versuch, sich dem Volk angenehm zu machen. Das wird hier versteckt. Die nächste Regel in Zeile 559 ist da schon deutlicher: »Alle Maßnahmen des Koalitionsvertrages stehen unter Finanzierungsvorbehalt.«

Immerhin enthält dieser Koalitionsvertrag einige Ankündigungen, die man in dieser Deutlichkeit nicht erwartet hatte: einen Systemwechsel in der Steuer- und in der Gesundheitspolitik zum Beispiel.

Sofern die Ankündigungen realisiert werden, stimmt das. Aber Sie sehen gerade bei einer anderen Regierung, nämlich bei Obama, dass vor der Wahl große Reden gehalten werden, die Verwirklichung der Versprechen dann aber weit hinterherhinkt. Das ist normal, und das wird in Deutschland ähnlich sein. Ich bin nicht übermäßig optimistisch.

Die Bundeskanzlerin steht im Zenit ihrer Macht. Sie könnte jetzt auch eine Menge gestalten.

Frau Merkel hat in den Jahren, in denen sie in der Politik ist, gewaltig hinzugelernt, und sie hat das Amt eines Bundeskanzlers zweifellos sehr ordentlich ausgefüllt. In einem Punkt muss ich sie ausdrücklich loben, ich tue das gerne noch mal, weil mir das wichtig ist: Dank ihres Zusammenspiels mit Herrn Steinbrück waren die Deutschen wesentlich daran beteiligt, dass im Herbst des Jahres 2008, als wir unmittelbar vor dem Absturz in eine Weltdepression mit weltweit 150 Millionen Arbeitslosen standen, alle vernünftig reagiert haben. Nicht bloß die Europäer und die Nordamerikaner, sondern auch die Chinesen, die Russen, auch die Japaner und Inder. Dergestalt wurde die Weltdepression vermieden. Das hat es in der ganzen Weltgeschichte noch nicht gegeben.

Bevor Sie Bundeskanzler wurden, haben Sie viele Erfahrungen als Minister gesammelt. Jetzt sitzen dort die zwei Youngster Guttenberg und Rösler, beide

in den Dreißigern, die mit dem Verteidigungs- und dem Gesundheitsministerium wichtige Ressorts leiten. Kann man in dem Alter schon solch wichtige Aufgaben bewältigen?

Ich habe mich zeit meines politischen Lebens mit Franz Josef Strauß gestritten, obwohl ich durchaus Respekt vor seiner Persönlichkeit hatte. Als Adenauer ihn 1956 zum Verteidigungsminister machte, war er 41, also nur wenige Jahre älter als Guttenberg jetzt. Strauß hat in diesem jugendlichen Alter schwere Fehler gemacht. Die hätte er vielleicht zehn Jahre später nicht mehr gemacht. Er war voller Tatendrang, und die Armee sollte so schnell wie möglich aufgebaut werden, das hatten der Alte und die Alliierten verlangt. Andererseits gab es in der Weltgeschichte noch viel jüngere Leute als Guttenberg, und wir bewundern sie heute noch. Ich denke an den britischen Premierminister William Pitt den Jüngeren oder an Alexander den Großen. Wenn der Mann sich in diesem schweren Amt bewährt, wird er zur ersten Garnitur des Führungspersonals der Bundesrepublik gehören.

Wie lange dauert es, bis man so ein Ministerium beherrscht?

Maximal ein halbes Jahr.

Kann man denn Finanzminister werden, ohne Volkswirtschaft studiert zu haben?

Ja, das kann man. Es ist aber schwierig. Ein Beweis

dafür, dass man so etwas kann, ist Deng Xiaoping. Er hatte einen fabelhaften Instinkt für das, was möglich ist.

Herr Schäuble kann die Aufgabe also auch bewältigen?

O ja.

Die Leute wundern sich, wie das geht: heute Innenminister, morgen Finanzminister ...

Das kann gehen. Was sich bei Schäuble positiv auswirken wird, ist die natürliche schwäbische Sparneigung. Er wird nicht so leicht Geld ausgeben, wenn es nicht sein muss.

Die neue Regierung weckt offenbar wenig Ängste. Woran liegt das? Ist das vielleicht ein Indiz dafür, dass die deutsche Politik längst sozialdemokratisiert ist?

Richtig, es geht den Deutschen ja auch gut. Auf der ganzen Welt gibt es nur wenige vergleichbare Staaten: die Schweiz, die skandinavischen Staaten, und dann kommen schon wir. Ich will daran erinnern, dass bei uns 21 Millionen Menschen, 25 Prozent der Gesamtbevölkerung, von staatlichen Renten und Pensionen leben. Dazu kommen sechs Millionen, die Arbeitslosengeld oder Sozialhilfe bekommen, das sind noch mal acht Prozent. Ein Drittel der Menschen, die hier leben, ist also von Staats wegen versorgt. Das ist eine unglaubliche Leistung, die auch stolz machen kann.

Sie haben sich immer geärgert, wenn man Ihnen vorgehalten hat, der richtige Kanzler in der falschen Partei zu sein. Zu mir haben Sie einmal gesagt: »Unterschätzen Sie nicht, was es mir bedeutet, Sozialdemokrat zu sein.« Es muss Ihnen doch wehtun, dass die SPD so katastrophal schlecht abgeschnitten hat!

Ja, sicher. Die Frage ist aber nicht, wie sehr es schmerzt, sondern wie es zu diesem Absturz kommen konnte.

Und was ist Ihre Erklärung?

Da ist der Umstand, dass wir alle paar Jahre die Vorsitzenden gewechselt haben, dass einige Länderfürsten oder Möchtegern-Länderfürsten eine Politik gegen die Spitze der Partei gemacht haben. Da ist die Tatsache, dass die im Prinzip richtige Agenda 2010 von Gerhard Schröder ohne ausreichende öffentliche Diskussion ins Werk gesetzt worden ist. Außerdem hat die Regierung damals eine Reihe handwerklicher Fehler gemacht, die die jetzige Regierung korrigieren will. Es ist leider so.

Haben denn Herr Gabriel und Frau Nahles schon um einen Termin bei Ihnen gebeten?

Nein, das brauchen sie auch nicht.

Würden Sie die beiden Herrschaften denn empfangen?

Natürlich, aber was würde ihnen die Unterhaltung mit einem alten Mann nützen?

Jetzt stapeln Sie aber wirklich zu tief. Morgen kommt zum Beispiel der Bundespräsident zu Ihnen zum Mittagessen.

Ja, aber aus rein privaten Gründen.

Noch mehr Aufregung als um die neue Regierung gab es um die Äußerungen von Thilo Sarrazin über Migranten in Berlin. Sogar Sie haben das in einer unserer Redaktionskonferenzen thematisiert.

Ich habe mir Sarrazins Interview in der Zeitschrift *Lettre International* angesehen. Es ist ein sehr langes Gespräch zwischen einem Interviewer, der zurückhaltend fragt, und Sarrazin, der aus seiner großen Erfahrung heraus zum Beispiel die ökonomische Lage Berlins und Deutschlands analysiert. Die Passagen, die sich auf Ausländer bezogen und die von der deutschen Presse herausgezupft worden sind, sehen im Gesamtzusammenhang dieses Interviews ziemlich anders aus. Wenn er sich ein bisschen tischfeiner ausgedrückt hätte, hätte ich ihm in weiten Teilen seines Interviews zustimmen können.

Wenn Sarrazin sagt, osteuropäische Juden hätten einen um 15 Prozent höheren Intelligenzquotienten als der Rest der Bevölkerung, wenn er sagt, dass Türken »Kopftuchmädchen produzieren« – das ist doch

nicht tischunfein, das ist diffamierender Unsinn, wenn auch im Falle der osteuropäischen Juden positiv diskriminierend!

Die Sache mit der Intelligenz wollen wir doch mal genau untersuchen (holt das Originalinterview hervor): Sarrazin wünscht sich Einwanderung nicht durch Türken und Araber, er sagt, es würde ihm gefallen, »wenn es osteuropäische Juden wären mit einem um 15 Prozent höheren IQ als dem der deutschen Bevölkerung«. Was auch immer, ich halte diese sachliche Aussage für richtig.

Sie glauben, dass Menschen von Geburt an intelligenter oder dümmer sind, weil sie einem bestimmten Volk oder gar einer Religionsgemeinschaft angehören?

Es spielen bei der Intelligenz natürlich zwei Dinge eine Rolle: die Begabung, das sind die Gene. Und es spielt das soziale Umfeld eine Rolle, die Schule, die Familie und all das, was man braucht, um aus der Begabung etwas zu machen. Das dürfte die moderne Wissenschaft heute ähnlich sehen und dafür ihre Fachausdrücke haben. Es gibt ja gar keinen Zweifel daran, dass die hohe geistige Bedeutung von Wissenschaft und Kunst in Berlin zur Zeit der Weimarer Republik ganz wesentlich den Juden zuzuschreiben war.

Und was soll es bringen, alle Türken pauschal anzurempeln und so hässliche Ausdrücke zu gebrauchen wie »Kopftuchmädchen produzieren«?

Ich hätte diese Ausdrücke sicherlich nicht gebraucht. Nach einem langen Gespräch, das umgangssprachlich geführt wurde, hätte ein Redakteur an drei oder vier Stellen Korrekturen vornehmen müssen. Das hat offenbar keiner getan.

Warum verteidigen Sie Herrn Sarrazin? Weil Sie ihn lange kennen und einmal einen guten Eindruck von ihm gewonnen hatten?

Nein, weil ich sein Interview ganz gelesen habe – im Gegensatz zu vielen Journalisten. Aber es stimmt auch, dass ich ihn seit mehr als dreißig Jahren kenne. Er hat als Berliner Finanzsenator hervorragende Arbeit geleistet.

Der Philosoph Peter Sloterdijk hat zum Fall Sarrazin geschrieben: »Man möchte meinen, die deutsche Meinungs-Besitzer-Szene habe sich in einen Käfig voller Feiglinge verwandelt, die gegen jede Abweichung von den Käfigstandards keifen und hetzen.« Gibt es bei uns wirklich einen solchen Druck zur Konformität?

Ich hätte es abermals anders formuliert, aber im Prinzip ist etwas Richtiges an dem, was Herr Sloterdijk schreibt. Ein wichtiger Punkt ist doch, dass die Volksmeinung überwiegend auf der Seite Sarrazins ist.

Sie haben oft genug gesagt, dass man dem Volk auch widersprechen muss!

Natürlich würde das auch für Sarrazin gelten. Aber er hat es doch gar nicht zum Volk gesagt, sondern in einer esoterischen Zeitschrift, die bis vorgestern niemand gekannt hat. Es war doch keine Rede auf dem Marktplatz von Leipzig!

Ich würde Ihnen gern eine etwas abgeschmackte Frage stellen, die so ungefähr schon jedem gestellt worden ist. Aber bei Ihnen wissen es die meisten wirklich nicht: Wo waren Sie am 9. November?

Ich muss zunächst erzählen, wo ich am 5. und 6. November war, nämlich in der damaligen DDR, in Meißen, Sachsen, und in einem kleinen Ort in Richtung Chemnitz, das damals noch Karl-Marx-Stadt hieß. Durch Vermittlung von Manfred Stolpe war ich dort zu zwei Versammlungen der evangelischen Kirche eingeladen. Es brodelte, die Leipziger Demonstrationen waren schon einige Zeit im Gange. Ein Pastor, an den ich mich noch besonders gut erinnere, sagte während der stundenlangen Diskussion dem Sinn nach: »Verdammt noch mal, es muss doch einen mittleren Weg geben zwischen Sozialismus und Demokratie!« Mit Sozialismus meinte er seinen DDR-Sozialismus. Die Diskussionen zeigten die enormen Mängel an Wissen und Erfahrung, wie Demokratie funktioniert, wie Märkte funktionieren, was man sich unter einer sozialistischen Marktwirtschaft vorstellen sollte. Es war ziemlich interessant, aber auch deprimierend. Hinzu kam, dass jeder Angst hatte, dass irgendwo ein nervöser Kommandeur den Befehl zum Schießen gibt, in irgendeiner prekären Lage. Wir sind dann mit Stolpe zurück nach Berlin gefahren und am nächsten Tag nach Hamburg geflogen. Am übernächsten Tag saß ich vor dem Fernseher und sah die Öffnung der Mauer - ohne dass ein Schuss gefallen war. Die ganze Zeit kamen mir die Tränen.

War das die größte politische Überraschung Ihres Lebens?

In jedem Fall war es eine große Überraschung. Und es gab noch eine zweite: Einen Tag später waren Hunderte von Trabbis in unserer Straße. Die Leute waren alle schon über Nacht aus dem Osten gekommen und hatten sich durchgefragt, wo Herr Schmidt wohnt.

Die sind gezielt zu Ihnen gefahren?

Ja.

Haben Sie sich gezeigt?

Ja, natürlich! Ich habe ihnen die Hand gedrückt und auf die Schulter gekloppt, einem nach dem anderen.

Warum zeigten sich viele Sozialdemokraten in dieser historischen Situation nicht auf der Höhe der Zeit?

Dass es viele waren, glaube ich nicht. Es war genauer gesagt ein Teil der Führung, ganz genau gesagt

Lafontaine. Es war das zweite Mal in meinem Leben, dass dieser Mann mich auf das Tiefste enttäuscht hat. Es kamen noch zwei weitere Male hinzu, die in späteren Jahren liegen.

Wann war das erste Mal?

Das erste Mal war, als er in öffentlicher Rede gesagt hat, mit meinen Sekundärtugenden könne man auch ein KZ leiten.

Das war verletzend.

Sollte es auch sein. Hat auch gewirkt.

Und das berühmte Wort von Willy Brandt: »Jetzt wächst zusammen, was zusammengehört«, für das er ja angegriffen worden ist, traf das Ihre Seelenlage besser?

Ja. Es vermied alle juristischen Implikationen und sprach das Gemüt an, wie es Willy Brandts Art gewesen ist.

Er war der geschichtlichen Herausforderung gewachsen.

Ja, Helmut Kohl aber auch.

War das damals mehr eine Vereinigung oder mehr ein Anschluss?

Es war beides zugleich. Aber das ist zwanzig Jahre her, und inzwischen ist es eine Vereinigung geworden.

Die Misslichkeiten des Anschlusses verlieren an Bedeutung, in weiteren zwanzig Jahren werden sie verschwunden sein.

Haben wir nicht die Biografien von Millionen von Deutschen einfach plattgemacht?

Ich war absolut dagegen, ehemalige Kommunisten so zu behandeln, wie das in der deutschen Öffentlichkeit geschehen ist.

Sie meinen die Ausgrenzung zum Beispiel im öffentlichen Dienst?

Ja, das war ein Pfahl im Fleische einer Nation, die zusammenwachsen sollte und wollte. Da war Adenauer klüger als die Berliner Strafjustiz; er hat nichts dabei gefunden, Nazis in den Dienst zu nehmen. Kurt Schumacher hat auch nichts dabei gefunden, junge SS-Leute in die SPD aufzunehmen.

Aber Sie haben zu Recht auch immer wieder beklagt, dass die Deutschen viel zu nett gewesen sind zu den ehemaligen Nazis.

Man muss sorgfältig unterscheiden: Jemand, der andere Leute in ernsthafter Weise geschädigt oder gar zu Tode gebracht hat, der gehört vor Gericht und verurteilt. Aber jemand, der nichts getan hat, als Informationen über seinen Nachbarn zu sammeln, der war ein normaler Mensch, denn der Nachbar hat über ihn womöglich auch Informationen gesammelt.

Wir haben also die Nazis besser behandelt als die ehemaligen SED-Mitglieder?

Ja. Jemanden, der eine Maschinenfabrik oder ein Elektrizitätswerk in Ostberlin geleitet hat, nur deswegen abzulösen, weil er der Stasi Mitteilungen gemacht hat, war abwegig. Die Sache wurde zusätzlich dadurch erschwert, dass ehemalige SED-Mitglieder, heute sind es eigentlich nur noch die ehemaligen Stasizuträger, abgelehnt wurden, während die »Blockflöten«, die Mitglieder der Blockparteien, alle aufgenommen wurden, obwohl sie auch nicht anders waren als die anderen DDR-Bürger. Außerdem kam hinzu, dass in der ehemaligen DDR über Nacht 80 000 oder 100 000 westdeutsche Paragrafen in Kraft traten, mit denen dort niemand umgehen konnte, weshalb viele Ämter und Behörden mit zweitklassigen Wessis besetzt werden mussten. So haben mehrere Faktoren ganz erheblich zur Verzögerung des Zusammenwachsens beigetragen.

12. November 2009

»Das Gerechtigkeitsempfinden ist aufs Schwerste beleidigt worden«

Warum die Finanzmärkte nicht zu bändigen sind

Januar 2010. Vor dem Beginn des Weltwirtschaftsforums in Davos warnen Ökonomen vor einer neuen Spekulatiosblase und einem Börsencrash in Asien. In den USA kassieren Banker, deren Institute gerade erst mit Staatsgeld gerettet wurden, wieder dicke Boni. Präsident Obama prüft eine Sonderabgabe für Großbanken - und die Financial Times Deutschland ist sich sicher: 2010 wird das »Jahr der Regulierung«.

Lieber Herr Schmidt, zu Beginn des neuen Jahres hat man den Eindruck, dass die Menschheit aus der Finanzkrise so furchtbar viel nicht gelernt hat. Sind wir aus Schaden dümmer und nicht klüger geworden?

Die Frage ist zunächst einmal: Wer ist wir?

Na ja, man muss da wohl unterscheiden zwischen jenen, die jetzt die Finanzmärkte regulieren müssten, und uns anderen, den wirtschaftspolitischen Laien.

Ich glaube, die wirtschaftspolitischen Laien unter den deutschen Staatsbürgern sind insofern klüger geworden, als sie vorsichtiger geworden sind: Sie sparen etwas mehr als früher.

Die Sparquote in Deutschland war schon vorher eine der höchsten der Welt.

Das stimmt, aber sie ist noch einmal gestiegen, weil niemand so recht weiß, was ihm die Zukunft bringen wird, ob zum Beispiel der eigene Job sicher ist. In Amerika ist die Besorgnis zwar noch viel größer, sie hat aber nicht zu einem Anstieg der Sparrate geführt, weil die Amerikaner gar nicht mehr sparen können. Sie müssen erst einmal ihre Schulden zurückzahlen. Aber die Weltwirtschaftskrise hat sich Gott sei Dank nicht zu einer Weltdepression entwickelt.

Was Sie selbst befürchtet hatten!

Ja, was ich Ende Oktober und auch im November des Jahres 2008 noch befürchtet habe. Das ist vermieden worden, weil sämtliche Regierungen der großen Staaten - ob kommunistisch, postkommunistisch oder kapitalistisch - dasselbe gemacht haben: Die Zentralbanken haben Liquidität geschaffen, und die Regierungen haben neue Schulden gemacht und die Staatshaushalte gewaltig ausgeweitet, um mit zusätzlichen Programmen Nachfrage zu erzeugen.

Ist damit auch die Krise ausgestanden?

Nein, die Folgen der Weltwirtschaftskrise sind, zum Beispiel in den Vereinigten Staaten, noch nicht überwunden. Zum einen ist zu befürchten, dass all die Ansätze, die Banken stärker an die Kandare zu nehmen, in Amerika nicht richtig greifen werden. Zum anderen fangen einige Banken schon wieder an, sich aufzuspielen und unglaubliche Bonifikationen auszuzahlen.

Leider heißt das: Es werden gerade wieder die Voraussetzungen für das Entstehen einer neuen Blase geschaffen.

Ja, und zwar weil die Regulierung der privaten Geldinstitute nicht richtig vorankommt und weil viele Banken schon wieder dabei sind, dieselben Fehler zu machen, die seit 2004 zum Entstehen dieser Blase beigetragen und sie letztlich zum Platzen gebracht haben.

Verstehen Sie, warum der raubtierhafte Finanzkapitalismus, den Sie immer gegeißelt haben, offenbar nicht zu bändigen ist?

Der amerikanische Präsident hat wohl verstanden, dass er für das, was eigentlich notwendig wäre, keine Mehrheiten im Kongress finden wird. Außerdem gibt es andere Themen, die er zu lösen versprochen hat, zum Beispiel die Gesundheitsvorsorge und die Alterssicherung. Das ist für ihn wichtiger, als sich mit dem Kongress auch noch wegen der Finanzaufsicht anzulegen. Wenn aber der Kongress nicht handelt und sich aus alter Tradition mit Eingriffen in die Wirtschaft zurückhält, dann heißt das eben, dass es sie in Amerika nicht gibt.

Ohne Amerikaner keine Bändigung?

Ohne die Amerikaner geht jedenfalls wenig. Wenn es in den USA keine Regulierung gibt, wird es auch in England keine geben, und sie wird sich auch nicht in der Welt ausbreiten. Und eine Neuordnung der Weltfinanz- und Weltgeldmärkte wird es ohne die USA schon gar nicht geben. Dabei mag auch eine Rolle spielen, dass amerikanische, aber auch englische Politiker ein Interesse daran haben, dass die Wall Street und die City of London die Finanzzentren der ganzen Welt bleiben.

Was bleibt da den anderen Staaten noch, Deutschland eingeschlossen?

Die Europäische Union hätte zum Beispiel einen relativ großen Spielraum, und sie könnte relativ großen Einfluss auf die Weltmärkte für Geld und Kapital ausüben. Ich wäre schon glücklich, wenn wenigstens die EU innerhalb ihrer Grenzen eine stärkere Regulierung durchsetzen würde. Aber gegenwärtig stehen an ihrer Spitze keine sonderlich starken Personen, das gilt sowohl für den Präsidenten der Kommission als auch für den neuen ständigen Ratspräsidenten. Beide sind nicht sehr eindrucksvoll.

Sind also alle Bemühungen vergebens?

Nicht unbedingt. Man muss damit rechnen, dass das strategische Gewicht der USA in der internationalen Politik mittelfristig abnehmen wird. Und das wird sich dann auch auf die Finanzpolitik und besonders die internationale Finanzaufsicht auswirken.

Könnte es nicht sein, dass eine anthropologische Konstante für das Scheitern der Regulierung mitverantwortlich ist? Dass der Mensch ganz einfach gierig ist und dort, wo schnelles Geld zu machen ist, auch das schnelle Geld machen will?

Wenn es eine anthropologische Konstante wäre, dann müsste es einen sehr verwundern, dass der europäische Homo sapiens sehr viel weniger davon betroffen ist als der amerikanische. Nein, daran glaube ich weniger. Die Gene haben den Menschen zwar egoistisch konstruiert, aber der Egoismus ist im internationalen Vergleich doch sehr unterschiedlich ausgeprägt. In den USA gibt es offenbar mehr davon als zum Beispiel in Holland, Dänemark, Österreich oder Deutschland.

Das Platzen der Finanzblase war ja vor allem für die Bürger ein Schock: Viele haben nicht nur Angst um ihre Ersparnisse gehabt, sondern auch ihren Glauben an Gerechtigkeit verloren.

Es war weniger die Angst um Ersparnisse als die Angst um ihren Arbeitsplatz. Ansonsten haben Sie recht: Das Gerechtigkeitsempfinden ist aufs Schwerste beleidigt worden.

Und was bedeutet das für die Demokratien, wenn die Menschen das Gefühl haben, dass die Politik die schlimmsten Fehlentwicklungen nicht mehr in den Griff bekommt?

Ich glaube nicht, dass die deutschen Bürger derzeit denken, Bundestag und Bundesregierung kriegten die Sache nicht in den Griff. Die meisten haben verstanden, dass die gegenwärtige Finanzkrise und die Rezession der Weltwirtschaft nicht von den Deutschen angerichtet worden sind. Aber die Bürger erwarten, dass die deutsche politische Klasse die Amerikaner und andere Mitspieler auf der Welt drängt und drückt.

Haben Sie denn den Eindruck, dass die deutsche Regierung die Obama-Administration zum Handeln drängt und drückt?

Nein!

Warum tut sie das nicht?

Weiß ich nicht. Die Regierung Merkel/Westerwelle ist erstaunlich vorsichtig und zurückhaltend auf dem Feld der Finanzaufsicht, die eigentlich im deutschen Interesse gestrafft werden müsste. Und nicht nur da: Es kommen keine Vorschläge an die Adresse der Amerikaner, es gibt kaum Vorschläge zu Afghanistan, keine zu Iran, keine zu Israel versus Palästinenser.

Diesen Vorwurf könnte man auch Gordon Brown oder Nicolas Sarkozy machen.

Es fehlt beiden an Kontinuität, das stimmt. Aber Brown und Sarkozy sind auch nicht der Maßstab – der Maßstab ist das, was die deutsche Regierung tun könnte und was andere Regierungen zu anderen Zeiten fertiggebracht haben, zum Beispiel Herr Kohl im Jahr 1990. Nein, diese sehr taktische Zurückhaltung, die die deutsche Regierung im Augenblick zeigt, ist übergroßer Vorsicht geschuldet: jeden Konflikt vermeiden, niemandem auf die Füße treten. Man kann das auch nicht damit entschuldigen, dass diese Regierung neu ist, denn es ist ja weder Frau Merkel neu noch Herr Schäuble noch Herr Brüderle.

Erwarten Sie von Herrn Brüderle Vorschläge für die Welt?

Der bleibt wohl eine Fußnote in der Zeitgeschichte.

Wann haben Sie denn in Ihrer Zeit als Politiker zum ersten Mal die Zeichen der Globalisierung bemerkt?

Das fing ganz langsam in den siebziger und achtziger Jahren an. Richtig Schub bekommen hat die Globalisierung dann durch die Öffnung Chinas im Laufe der achtziger und neunziger Jahre und durch den Zusammenbruch der Sowjetunion. Damals kamen rund 1,2 Milliarden Chinesen und über 400 Millionen Menschen aus den Nachfolgestaaten der Sowjetunion hinzu, die sich als Exporteure und Importeure auf den Weltmärkten tummelten. Gleichzeitig gab es diesen enormen Fortschritt auf dem Gebiet der elektronischen Nachrichtenübermittlung, der das Geschehen auf den Weltmärkten gewaltig beschleunigt und eine Ausweitung der Finanzmärkte über den ganzen Erdball überhaupt erst ermöglicht hat. Ich habe diese Veränderungen zum ersten Mal in den siebziger Jahren gespürt.

Wie haben Sie darauf reagiert?

Schon damals bin ich - meistens von Parteifreunden - gehänselt worden, weil ich zu erklären versucht habe, dass Deutschland von der Weltwirtschaft abhängig ist. Das nannten sie »Helmut Schmidts Weltwirtschaftsoper«, und das mochten sie bald nicht mehr hören, denn ich habe immer wieder dasselbe gepredigt. Aber es ist ja nach wie vor richtig: Wir sind abhängig vom Auf und Ab in der Welt. Wir waren damals schon abhängiger als die USA und viel abhängiger als China. Zu meiner Regierungszeit machte der deutsche Export weniger als ein Viertel des Sozialprodukts aus, heute ist es beinahe die Hälfte.

Sie sagen immer, man darf den Menschen keine Angst machen ...

Das ist richtig!

... wenn sich aber auf den Finanzmärkten gerade eine neue Blase bildet und die dann wieder platzt – welcher Staat wird da noch die Reserven haben, um den Schaden abermals einzudämmen?

Jetzt zerbrechen Sie sich den Kopf über das nächste Jahrzehnt.

Das hat aber gerade begonnen!

Ja, aber mit Ihrer neuen Blase sind Sie schon in der zweiten Hälfte oder am Ende des Jahrzehnts angekommen. Und ich glaube auch nicht, dass dann kein Geld mehr da sein wird. Staaten wie Deutschland oder Frankreich können sich immer noch höher verschulden. Es ist zwar richtig, dass diese Schulden den Staat drücken, und das sollen sie auch tun. Aber es steht ihnen eben auch eine erhebliche Sparrate gegenüber: Deutsche und Franzosen haben sich ja bei sich selbst verschuldet, die Schulden ihrer Staaten liegen nicht in den Händen der Chinesen und nicht in denen der Amerikaner. Das ist der Unterschied zu den USA, die große Schwierigkeiten hätten, sich weiter zu verschulden. Wir hätten sie nicht.

Sind Sie froh, dass dieses Jahrzehnt der Krisen und Kriege nun vorbei ist?

Es ist ja noch gar nicht vorbei: Die Auswirkungen der Weltrezession werden uns noch mindestens zwei weitere Jahre belasten, vielleicht noch länger.

Waren die vergangenen zehn Jahre für Sie persönlich eine gute Zeit?

Kann ich nicht sagen. In dieser Dekade hatte ich eine schwere Herzoperation, und ich sitze neuerdings im Rollstuhl. Das ist nicht sehr befriedigend.

Am 23. Dezember sind Sie 91 geworden. Gab es wieder diese Flut der Gratulationen wie zu Ihrem runden Geburtstag vor einem Jahr?

Es ist nach wie vor eine Flut, es kommen Tausende Glückwünsche an. Letztes Jahr haben wir bis in den April hinein gebraucht, um allen zu antworten - allein schon das Abtippen der ganzen Adressen! Dieses Mal bekommt niemand mehr eine Danksagung, auch keine gedruckte. Es strengt mich und das Büro gleichermaßen an, und meine Frau und ich sind nicht mehr so leistungsfähig wie vor einem Jahr.

Die Gratulanten werden es verstehen.

Es tut mir ja leid, aber ich kann ihnen nicht helfen.

14. Januar 2010

»Ich habe keine Angst, aber ich mache mir Sorgen«

Über Atomwaffen

Lieber Herr Schmidt, vor Kurzem haben Sie sich in der American Academy in Berlin mit ehemaligen Spitzenpolitikern zu einer kleinen Demonstration eingefunden: Sie setzten sich für eine Welt ohne Atomwaffen ein.

Das stimmt. Wir waren zu acht, vier Amerikaner und vier Deutsche: Henry Kissinger, Sam Nunn, William Perry und George Shultz, Richard von Weizsäcker, Hans-Dietrich Genscher, Egon Bahr und ich.

Bei diesen Namen frage ich mich: Warum widmen sich ausgerechnet die alten Falken einem Lieblingsthema der Friedenstauben?

Zählen Sie mich etwa auch zu den Falken?

So habe ich Sie früher jedenfalls gesehen.

Das ist aber falsch. Ich würde zum Beispiel auch Shultz und Nunn nicht zu den Falken zählen. Und mir war die atomare Bewaffnung schon in den späten fünfziger Jahren unheimlich, als ich die Militärstrategie der Nato begriff.

Damals galten die Russen als besonders stark.

Damals war die sowjetische Armee dem westlichen Militär ungeheuer überlegen - sie hatte mehr Soldaten, mehr Panzer, mehr Geschütze und mehr Flugzeuge. Die Nato verfolgte deshalb eine Strategie der Abschreckung: Sie drohte der Sowjetunion für den Fall eines Angriffs mit atomarer Vergeltung. Retaliation, das war das große Schlagwort, das den ganzen Kalten Krieg über Bestand hatte: Wenn du mir etwas tust, dann tue ich dir noch etwas viel Schlimmeres an.

Sie waren kein Anhänger dieser Strategie?

Nein, 1961 habe ich ein Buch veröffentlicht, das »Verteidigung oder Vergeltung« hieß. Darin habe ich mich für die Verteidigung Europas ausgesprochen; die Drohung mit Vergeltung allein hielt ich für unzureichend. Ein amerikanischer General, Maxwell Taylor, publizierte ein ähnliches Buch. Es trug den Titel »The Uncertain Trumpet«, »Die ungewisse Trompete«. Damit war eben die atomare Vergeltung gemeint. Es gab im Westen also immer schon Leute, die an der ungeheuren atomaren Rüstung zweifelten oder sie sogar verabscheuten.

Trotzdem ging die Aufrüstung weiter.

Die Amerikaner haben am längsten am Ziel der atomaren Überlegenheit festgehalten. In den siebziger Jahren wollten sie zum Beispiel Hunderte von Atomminen in deutschem Boden versenken. Immerhin haben wir diese Minen dann gemeinsam mit dem amerikanischen Verteidigungsminister Melvin Laird ganz abschaffen können.

Hat die Abschreckung nicht auch dazu geführt, dass wir jahrzehntelang in Frieden leben konnten?

In Wirklichkeit war auf beiden Seiten kaum jemand gewillt, einen Krieg anzufangen. Natürlich gab es immer einzelne Militärs und Politiker, die kriegerische Absichten verfolgten. Es gab sowjetische Übergriffe, zum Beispiel 1953 in Ostberlin, 1956 in Ungarn, 1968 in der damaligen Tschechoslowakei. Und es gab immer wieder Leute im Westen, die gesagt haben, da müssen wir eingreifen. Aber der Westen hat nicht eingegriffen. Alles in allem gab es keinen Willen zum Krieg, auf beiden Seiten nicht. Das klingt jetzt überraschend. In der Rückschau darf man es aber so sehen.

Warum waren Sie dann für den Nato-Doppelbeschluss?

Wenn zwei Kontrahenten gleich stark sind, ist die Wahrscheinlichkeit, dass einer den anderen angreift, geringer, als wenn einer sehr viel stärker ist. Der Doppelbeschluss war notwendig, weil das Gleichgewicht auf einem Feld total gestört war: Die Sowjets bauten Mittelstreckenraketen, die mit jeweils drei atomaren Sprengköpfen ausgestattet waren. Mit einer einzigen Rakete dieses Typs konnten sie drei europäische Städte gleichzeitig ausradieren, zum Beispiel Düsseldorf, Köln und Dortmund.

Die Nato hatte solche Raketen nicht.

Richtig. Außerdem war 1979, im Jahr des Doppelbeschlusses, absehbar, dass es bald einen Wechsel in der sowjetischen Führung geben würde, denn Breschnew und die Mitglieder des Politbüros waren alt. Man wusste nicht, in wessen Hände die Raketen fallen würden; es war zu befürchten, dass künftige Machthaber die vor allem auf deutsche Städte gerichteten Atomraketen zur Nötigung und Erpressung nutzen würden. Und es war unklar, wie der Westen, vor allem die US-Regierung, in diesem Fall reagiert hätte.

Was haben die Amerikaner gesagt, als Sie ihnen Ihre Befürchtungen vortrugen?

Das Ganze spielt zur Zeit der Präsidentschaft von Jimmy Carter. Wir machten seinen Sicherheitsberater, Zbigniew Brzezinski, auf diese neuen Mittelstreckenwaffen aufmerksam, aber er war der Meinung, das sei alles nicht so schlimm - weil die USA ja den ganz großen Knüppel hätten.

Und Sie waren gegen den großen Vergeltungsschlag, aus moralischen Gründen?

Um Moral ging es hier nicht. Es war ganz klar, dass

eine einzige Anwendung des großen Knüppels entsetzliche Folgen für die Menschheit haben würde, weit entsetzlicher als in Hiroshima. Heute, im Jahre 2010, ist das auf der Welt vorhandene nukleare Zerstörungspotenzial hunderttausendmal so groß wie das der Bombe, die die Amerikaner 1945 über Hiroshima abwarfen.

Also waren die Befürchtungen der Rüstungsgegner in den siebziger und achtziger Jahren richtig?

Sie waren durchaus gerechtfertigt. Jemand, der vor einer Atombombe keine Angst hat, muss verrückt sein. Aber das Schlimme war doch, dass diese Leute zum Teil bereit waren, sich den sowjetischen Diktaten zu unterwerfen. Lieber rot als tot, das war eine verbreitete Haltung, und das hieß: Lieber tue ich das, was die Kommunisten verlangen, als dass ich mich verteidige.

Aber Sie haben doch selbst gesagt, dass die Sowjets gar nicht angreifen wollten!

Das sage ich heute. Damals wusste man das nicht. Man konnte nicht wissen, was die Nachfolger von Breschnew tun würden. Breschnew selbst war ein alter, kranker Mann. Er wusste, was Krieg war, im Gegensatz zu manchen Generälen im Westen. Aber hinter Breschnew gab es einige sehr aggressive Leute im sowjetischen Politbüro, und im sowjetischen Militär gab es sehr aggressive Generäle.

Die Friedensbewegung hat Sie wegen des Doppelbeschlusses zum Feindbild erkoren.

Die haben nicht gut hingehört und waren komplizierten Gedankengängen nicht sonderlich zugetan. Sie waren emotional. Es waren jeweils etwa 300 000, 400 000 Leute, die da in Bonn demonstriert haben – einmal zu meiner Amtszeit und dann noch ein weiteres Mal während der Kanzlerschaft Kohls. Aber Kohl hat am Doppelbeschluss festgehalten, der ganze Westen hat daran festgehalten – und hatte damit Erfolg: 1988 trat der INF-Vertrag in Kraft, in dem sich beide Seiten verpflichteten, ihre Mittelstreckenwaffen abzuschaffen.

Schmeichelt es Ihnen, vor der Geschichte recht behalten zu haben?

Es schmeichelt mir, wenn Sie das so feststellen. Ich bin nämlich derselben Meinung.

Was macht Ihnen heute am meisten Angst, wenn Sie an das gewaltige atomare Zerstörungspotenzial denken?

Ich habe keine Angst, aber ich mache mir Sorgen. Die Zahl der atomar bewaffneten Staaten hat sich im Laufe der letzten vierzig Jahre von fünf auf neun erhöht. Hinzugekommen sind Israel, Indien, Pakistan und Nordkorea. Angeblich ist auch Iran dabei, sich nuklear zu bewaffnen, aber das ist nicht bewiesen. Jedenfalls hat der Atomwaffensperrvertrag, der 1970 in

Kraft trat, die Ausbreitung von Atomwaffen zwar erheblich behindert, aber nicht ganz verhindert. Und diese Entwicklung kann weitergehen. Das ist die eine Sorge.

Und die andere?

Die andere Sorge ist, dass Atomwaffen in die Hände terroristischer Nichtregierungsorganisationen gelangen könnten. Zum Beispiel durch einen Putsch oder einen Kuhhandel: So wie man Heroin unter der Hand in riesigen Mengen handelt, kann man auch angereichertes Uran handeln. Es hat derartige Fälle in Pakistan gegeben. Terroristen brauchen für einen atomaren Anschlag nicht unbedingt Raketen mit großer Reichweite oder Militärflugzeuge. Es genügt schon ein einfacher Container, den man als Luftfracht verschicken oder in einen fremden Hafen verschiffen kann. Deshalb muss die Verbreitung von waffenfähigem Uran unter Kontrolle gebracht werden.

Ihr Mitstreiter Hans-Dietrich Genscher hat die Atommächte zur Abrüstung aufgefordert. Aber wie könnten zum Beispiel Amerikaner und Russen abrüsten, wenn andere Atomstaaten das nicht tun?

Zunächst einmal haben die beiden großen Atommächte auch nach Abschluss des Atomwaffensperrvertrags weiterhin in hohem Maße neue Atomwaffen und neue Trägersysteme entwickelt, produziert und einsatzbereit gemacht. Beide erfüllen diesen Vertrag nicht.

Selbst wenn sie das tun würden: Was nützte das im Hinblick auf Pakistan, Indien oder Nordkorea?

Das kann man nicht vorhersagen. Aber ich würde umgekehrt sagen: Die Tatsache, dass Russen, Amerikaner und Chinesen - Engländer und Franzosen übrigens auch - den Vertrag nicht erfüllen, stellt aus der Perspektive Indiens, Pakistans und Israels eine der größten Bedrohungen dar.

Was wäre passiert, wenn während der Blockkonfrontation eine Atommacht die Meldung erreicht hätte, dass eine Rakete auf sie zufliegt? Hätte sie wirklich innerhalb von vier bis acht Minuten reagieren müssen?

Das bezweifle ich. Warum hätten die USA sofort reagieren sollen, wenn ihre eigenen Gegenschlagswaffen unverwundbar waren? Sie waren zum Beispiel auf U-Booten im Nordatlantik stationiert oder lagen tief verbunkert im Festland. Die USA hätten nicht innerhalb von vier Minuten reagieren müssen.

Es wäre beruhigend, wenn man eine Waffe hätte, mit der man die Rakete, die auf einen zufliegt, noch in der Luft unschädlich machen könnte.

Ich habe Erfahrungen, was das Abschießen von Flugzeugen angeht. Das ist schon sehr, sehr schwer. Eine Rakete abzuschießen ist noch viel schwieriger.

Sie glauben nicht an die Abwehrschirme im Weltall?

Ich glaube, dass man Glück haben und eine Rakete vom Himmel holen kann. Man kann aber auch Pech haben. Letzteres kommt mir einstweilen wahrscheinlicher vor.

Ist der Raketenschild also nur eine Propagandawaffe?

Ja, die Propaganda stammt von Ronald Reagan, dessen Vorbild »Star Wars« war. Man muss Reagan allerdings zugutehalten, dass er derjenige war, der später mit Gorbatschow den INF-Vertrag über die Vernichtung nuklearer Mittelstreckenraketen zustande gebracht hat. Bei all seiner scheinbar blutrünstigen Sternekriegsführung im Weltall war er doch der Ratio zugänglich.

Was müssten Friedensfreunde heute tun, um gegen die neue atomare Bedrohung zu mobilisieren?

Ich wäre schon glücklich, wenn wir damit anfingen, die sogenannten taktischen Atomwaffen abzuschaffen. Wenn man eine weltweite Debatte auslösen will, muss man einen Streitpunkt setzen, der zu Kontroversen führt. Dafür eignet sich die These, die taktischen Nuklearwaffen müssen aus Europa verschwinden. Man könnte auch einen Non-first-use-Vertrag fordern: Das würde die Leute wunderbar aufregen, vor allem viele Militärs! Was wir mindestens brauchen, sind einseitige Erklärungen: Russen und Amerikaner müssen offiziell verkünden, dass sie niemals als Erste eine Atomwaffe gebrauchen werden. Bisher haben nur die Chinesen eine solche Erklärung abgegeben.

Warum tun Amerikaner und Russen das nicht?

Das müssen Sie Amerikaner und Russen fragen. Letztlich steckt wohl Größenwahn dahinter.

Wenn man Ihnen so zuhört, könnte man meinen, Sie hätten eine Vision. Dabei haben Sie doch mal gesagt: Wer Visionen hat, sollte zum Arzt gehen.

Diesen Satz habe ich ein einziges Mal gesagt, er ist aber tausendfach zitiert worden. Einmal hätte genügt.

Wie ist er überhaupt in die Welt gekommen?

Das weiß ich nicht mehr. Wahrscheinlich habe ich ihn in einem Interview gesagt. Das muss mindestens 35 Jahre her sein, vielleicht vierzig. Da wurde ich gefragt: Wo ist Ihre große Vision? Und ich habe gesagt: Wer eine Vision hat, der soll zum Arzt gehen. Es war eine pampige Antwort auf eine dusselige Frage.

Aber wenn eine atomwaffenfreie Welt keine große Vision ist, was ist sie dann?

Eine Zielsetzung, von der ich nicht glaube, dass sie erreicht werden kann. Es wäre schon viel wert, wenn die beiden großen Atommächte damit anfingen, die Zahl ihrer Waffen zu halbieren. Wenn das gelänge, dann bekäme die Welt eine ganz andere politische

Atmosphäre. Wissen Sie, was mich in diesem Zusammenhang erstaunt?

Natürlich nicht.

Dass viele von denen, die früher vor lauter Angst bereit waren, lieber Kommunisten zu werden, als zu sterben, heute keine Angst mehr zu haben scheinen.

Obwohl sie nach wie vor allen Grund dazu hätten.

Ich habe kein Verständnis dafür, dass die Angst vor Atomwaffen inzwischen auf null gesunken ist.

4. März 2010

»Ich habe ihn unterschätzt«

Über Helmut Kohl

Lieber Herr Schmidt, am 3. April feiert Helmut Kohl seinen 80. Geburtstag. Wie ist es, wenn Sie als 91-Jähriger auf einen 80-Jährigen blicken? Kommt der Ihnen vor wie ein junger Mann?

Manchmal ja, im Falle Helmut Kohl nein. Der wirkt ja auch nicht jünger, weil er es gesundheitlich schwer hat, ähnlich schwer wie Wolfgang Schäuble. Und neuerdings habe ich es auch ähnlich schwer. Weil wir alle im Rollstuhl sitzen, merke ich den kleinen Generationenunterschied zwischen Schäuble, Kohl und Schmidt nicht.

Wann sind Sie Kohl zuletzt begegnet?

Das war vor ungefähr zwei Jahren, als er mich besucht hat, hier in meinem Büro bei der *ZEIT*.

War es das erste Mal, dass er zu Ihnen gekommen ist?

Ja. Ich glaube, es gab keinen besonderen Anlass. Er hatte nur den Wunsch, mal mit mir zu reden. Wir haben dann tatsächlich über Gott und die Welt gesprochen.

War es ein gutes Gespräch?

Ja.

Sie haben auch einmal ein Gespräch mit Helmut Kohl für die *ZEIT* geführt, das war 1998 in Bonn, kurz vor seiner Abwahl.

Ja, dieses Interview fand allerdings nicht in der Villa Hammerschmidt statt, wie fälschlich irgendwo geschrieben wurde, sondern im Palais Schaumburg; Kohl hatte darum gebeten, dass wir uns dort treffen. Jedenfalls kamen wir auf diesen berühmt-berüchtigten Streit zu sprechen, den es 1976 zwischen uns gegeben hatte: Kohl verlangte damals von der Regierung und von mir »geistig-moralische Führung«; und ich habe immer gesagt, das sei nicht Aufgabe der Regierung. In diesem Gespräch, Ende der neunziger Jahre, sagte ich nun: Wir haben beide übertrieben. Und er sagte: Darauf können wir uns sofort einigen.

Eine ganz souveräne Reaktion von Helmut Kohl ...

Die Reaktion war von beiden Seiten souverän.

Stimmt es, dass das Ihr erstes Zusammentreffen seit dem Misstrauensvotum von 1982 war?

Nein, das stimmt gewiss nicht. Wir haben uns sehr selten gesehen, das ist richtig. Kohl führte zum Beispiel meine Praxis fort, das Kanzleramt zur Präsentation von Malerei zu nutzen. Mitte der neunziger Jahre wurde eine Ausstellung mit Aquarellen von Klaus

Fußmann eröffnet, den ich damals schon persönlich kannte. Kohl hat mich eingeladen, und ich bin hingegangen.

Während seiner Kanzlerschaft hat Kohl die *ZEIT* gemieden, so gut es ging. Fanden Sie seine Abneigung gegen die Hamburger »Medienmafia« berechtigt?

Berechtigt war daran nichts.

In der *ZEIT* gab es immerhin eine Kolumne, die »Birne« hieß.

Daran erinnere ich mich nicht. Aber das war sicherlich abfällig gemeint, und das finde ich auch unfair.

Haben Sie denn persönlich das Gefühl, Helmut Kohl unrecht getan zu haben in den vergangenen Jahrzehnten?

Ich habe ihm sicherlich nicht mehr unrecht getan als er mir. Wir waren politische Gegner, daran gibt es keinen Zweifel. In Wahlkämpfen wird vom Publikum geradezu erwartet, dass einer der beiden den anderen herabsetzt und dass der andere den Ersten kritisiert. Am publikumswirksamsten ist es, wenn die herabsetzende Absicht versteckt bleibt. Bei einem Schlagwort wie »Birne« bleibt sie nicht versteckt.

Im Gegensatz zu Ihnen hat Helmut Kohl Sie nie unterschätzt. Ich glaube, Sie haben ihn zumindest in der Anfangszeit sehr unterschätzt.

Das stimmt. Ich habe ihn eigentlich bis in den Herbst des Jahres 1989 hinein unterschätzt - und seinen Zehnpunkteplan dann als erstaunliche Leistung empfunden. Ich würde auch heute, zwanzig Jahre später, noch sagen: Dieser Plan war zu jenem Zeitpunkt eine Glanzleistung.

Weshalb?

Die einzelnen Punkte sind gar nicht so aufregend, aber Kohl hat die Weltöffentlichkeit mit dem Zehnpunkteplan nicht nur darauf aufmerksam gemacht, dass hier etwas im Gange war, sondern er hat dieser Entwicklung einen zusätzlichen Schub verliehen. Außerdem haben dann seine persönlichen, vertrauensvollen Beziehungen zu Gorbatschow und Bush Vater der Sache außerordentlich gedient. Ich habe Kohl lange als Provinzpolitiker empfunden, seit dem Herbst 1989 aber als Staatsmann. Meine Sympathien und Antipathien hat das nicht berührt.

Es gibt einige Gemeinsamkeiten zwischen Ihnen und Helmut Kohl. Zum Beispiel haben Sie beide die Fähigkeit, einfache Menschen mit Worten zu erreichen.

Das wäre nichts Besonderes.

Doch, das können heute nur noch wenige Politiker.

Es hat immer Politiker gegeben, die das konnten. Auf sozialdemokratischer Seite zum Beispiel Kurt Schumacher, Ernst Reuter, Fritz Erler. Willy Brandt hatte eine ganz besondere Begabung auf diesem Feld. Und es gab auch aufseiten der CDU und der FDP Leute, die das konnten.

Sie haben lauter Tote genannt.

Das ist immer am besten. Die können sich nicht mehr wehren. (lacht)

Die zweite Gemeinsamkeit: Sie haben als Politiker besonders viel Wert auf persönliche Beziehungen gelegt.

Darin war Kohl mir wahrscheinlich über.

Die dritte Gemeinsamkeit ist, dass Sie Journalisten nie nach dem Mund geredet haben.

Auch hier würde ich sagen, dass uns das nicht sonderlich vor anderen Politikern auszeichnet.

Dann präzisiere ich: Sie haben die Journalisten beide gleich schlecht behandelt.

Dann präzisiere ich auch und sage: Die armen beleidigten Journalisten haben auf uns beide in gleicher Weise reagiert. Die Journalisten sind insgesamt mindestens genauso empfindlich wie die Politiker und mindestens genauso geneigt, etwas übel zu nehmen.

Wenn man ganz genau hinschaut, dann sieht man, dass die politischen Journalisten eigentlich mehr zur politischen Klasse gehören und weniger zum Journalismus.

Halten Sie das für eine Unart?

Das würde ich nicht sagen, aber ich stelle es fest. So wie man feststellt, dass draußen die Sonne scheint oder dass es regnet.

Hat es Sie nicht sehr gewurmt, dass Kohl bei der Bundestagswahl 1976 ein so glänzendes Ergebnis gegen Sie erreicht hat? Die Union bekam 48,6 Prozent, Sie konnten nur mithilfe der FDP weiterregieren.

Wir hatten auch vorher nur mithilfe der FDP regiert.

Trotzdem hat die SPD damals mit Ihnen als Spitzenkandidat erheblich an Stimmen verloren.

In diesem Wahlkampf gegen Kohl hatte ich mit drei Handicaps zu kämpfen. Als ich die Kanzlerschaft 1974 von Willy Brandt übernahm, empfand ich es als meine moralische Pflicht, die sozialliberale Koalition mit Anstand zu Ende zu führen, und ich habe den bevorstehenden Wahltag 1976 für das Ende dieser Koalition gehalten. Das war mein persönliches Handicap. Ein anderes kam hinzu: Von Teilen der CDU wurde der Wahlkampf sehr unanständig geführt – übrigens auch von einigen katholischen Bischöfen. »Alle Wege des

Sozialismus führen nach Moskau!« – das alles wurde wiederholt, mit etwas anderen Worten.

»Freiheit statt Sozialismus.«

Ja.

Und Ihr drittes Handicap?

Das dritte Handicap war ein objektives: Wir befanden uns in einer Weltrezession, ausgelöst durch einen politischen Willensakt Saudi-Arabiens und anderer muslimischer Ölstaaten; aber die Deutschen wollten das nicht begreifen. Das deutsche Publikum hat nur gesehen: Die Wirtschaft geht nicht mehr so gut, und wer hat Schuld? Die Regierung. Das hat die CDU/CSU sehr ausgebeutet. Andererseits war Kohl 1976 selbst keine besonders populäre Person. Weil er das selbst erkannte, hat er dann ja vier Jahre später sogar Strauß die erste Rolle spielen lassen. Er war da immer noch keine besonders populäre Person.

Strauß war es erst recht nicht. Für Sie war er bei der Wahl von 1980 ein Geschenk des Himmels: Die CDU büßte Stimmen ein, die SPD gewann hinzu.

Das ist wahr, ja.

Sind Sie Helmut Kohl verbunden, weil er zwei Ihrer Projekte vollendet hat, den Nato-Doppelbeschluss und die Einführung des Euro?

Verbunden ist falsch, aber ich habe das immer anerkannt. Kohl hat unter den Massendemonstrationen gegen den Doppelbeschluss genauso gelitten wie ich vorher. Und er hat ein ziemliches Kunststück vollbracht: Er hat die Ostpolitik der SPD, aber auch den Nato-Doppelbeschluss fortgesetzt, dem Volk aber gleichzeitig den Eindruck vermittelt, dass er eine ganz andere Außenpolitik betreibe. Sehr geschickt!

Kohl prägte 1990 das berühmte Wort von den »blühenden Landschaften«, die in den neuen Bundesländern entstehen würden. Halten Sie ihm zugute, dass er damals wirklich daran geglaubt haben könnte?

Ich neige dazu, zu glauben, dass er das in erheblicher Selbstüberschätzung tatsächlich geglaubt hat. Mir war aber klar, dass er von Wirtschaft nicht sonderlich viel verstand.

Muss denn ein Bundeskanzler viel von Wirtschaft verstehen?

Es ist wünschenswert, dass er einiges davon versteht. Einige Kanzler hatten aber das Glück, Personen in ihrer unmittelbaren Nähe zu haben, die über ökonomische Urteilskraft verfügten und auf die sie sich verlassen konnten. Das galt für Kiesinger, der hatte mit Strauß und Schiller gleich zwei erstklassige Leute. Das galt auch für Brandt, der hatte erst den Schiller und dann später noch den Schmidt. Es galt 1989/90 leider nicht für Kohl.

Kennen Spitzenpolitiker eigentlich so etwas wie Neid auf andere Politiker?

Das mag es wohl geben. Das Wort Neid bezieht sich eigentlich immer auf Vermögen oder auf Status – der hat etwas, was ich nicht habe. Das gibt es im menschlichen Leben überall, unter Managern, Sportlern, Musikern und Malern. Auch unter Politikern.

Und bei Ihnen? Wären Sie 1989 nicht gern Kanzler gewesen?

Auf die Idee bin ich noch nie gekommen.

Und wenn Sie jetzt darüber nachdenken?

Nein, dafür war ich ein bisschen zu alt, 1989 war ich immerhin über siebzig.

Kohl wird als Kanzler der Einheit in die Geschichte eingehen. Haben Sie nie gedacht: Dieses Verdienst hätte ich mir auch gern erworben?

Nein. Ich bin ganz bewusst in den achtziger Jahren aus der Politik ausgeschieden. Ich habe einen Strich gezogen und mich auch nicht mit Reden in die Innenpolitik eingemischt, nur gelegentlich mit Artikeln in der *ZEIT*.

Seinen Platz in der Geschichte kann Kohl niemand mehr streitig machen?

Das würde ich bejahen, obwohl dieser Platz noch nicht wirklich definiert ist. Es ist ganz eindeutig: Ohne

Kohl wäre möglicherweise die Chance zur Vereinigung der beiden deutschen Staaten 1989/90 nicht so genutzt worden. Ebenso eindeutig ist aber, dass er die Vereinigung niemals allein hätte bewerkstelligen können, auch nicht mit noch so vielen gemeinsamen Saunabesuchen, denn sämtliche europäischen Regierungen waren dagegen. Kohl brauchte insbesondere die Amerikaner, und das war nicht nur Bush Vater, sondern auch Außenminister James Baker. Sie haben es geschafft, die Europäer auf eine andere Schiene zu bringen.

Sie sagen, Kohls Platz in der Geschichte sei noch nicht endgültig definiert. Gilt das auch für Ihren?

Das gilt für jedermanns Platz in der Geschichte. Neulich habe ich mit Fritz Stern über Friedrich den Großen von Preußen gesprochen. Der war zwar nach innen liberal, nach außen aber hat er einen Krieg nach dem anderen geführt; er war ein Alexander der Große im Taschenformat. Das heißt, das Urteil über Friedrich II. verändert sich, je nachdem, welchen Aspekt seines Wirkens man betrachtet. Das gilt übrigens auch für einen anderen Friedrich II., nämlich den Staufer, Kaiser des Römischen Reiches. Auch sein Platz in der Geschichte ist nicht endgültig definiert.

Aber die Liga ist schon mal nicht schlecht: zweimal Friedrich II., Helmut Schmidt, Helmut Kohl!

Das machen Sie jetzt, das kann ich nicht unterschreiben. (lacht)

Was wünschen Sie Helmut Kohl zum Achtzigsten?

Wenn ich ihm etwas wünschen darf, dann wünsche ich ihm möglichst wenig Schmerzen und möglichst erträgliche Begleiterscheinungen des Alters.

25. März 2010

»Was ich nicht möchte, ist Deutschland als eine große Macht«

Über die Verführbarkeit der Deutschen

Lieber Herr Schmidt, in Ihrem neuen Buch, das Sie zusammen mit dem deutsch-amerikanischen Historiker Fritz Stern veröffentlicht haben, gibt es eine Stelle, die ich nicht verstehe. Darf ich sie Ihnen vorlesen?

Ich höre.

Sie sagen da: »Mein Vertrauen in die Kontinuität der deutschen Entwicklung ist nicht sonderlich groß. Die Deutschen bleiben eine verführbare Nation – in höherem Maße verführbar als andere.« Was stützt diese Aussage?

Es ist keine wissenschaftliche Aussage. Sie kommt aus dem Gefühl, aus dem politischen Instinkt.

Sogar Fritz Stern, der im Alter von zwölf Jahren mit seiner Familie vor den Nationalsozialisten fliehen musste, hat Ihnen da widersprochen und gesagt, dass alle Völker verführbar seien.

Ich habe die Straßenkämpfe zwischen Kommunisten und Nazis in Hamburg miterlebt, da war ich 14. Ich habe als Heranwachsender die Nazizeit und den Krieg erlebt und die Verführungen, denen die Masse der Deutschen damals erlegen ist. Ich habe erlebt, dass insbesondere junge und intelligente Leute bereit waren, den aus der 68er-Bewegung hervorgegangenen Terroristen leise und heimlich Beifall zu zollen. Ich habe miterlebt, wie die Deutschen von der Angst vor dem Waldsterben ergriffen wurden. Dann kam die Kriegsangst der Friedensbewegung. Dann habe ich die Angst vor dem islamistischen Terrorismus erlebt.

Haben Sie sich selbst auch als politisch verführbar erlebt?

Nein, nicht als erwachsener Mann.

Und warum sollten die Deutschen heute verführbarer und ängstlicher sein als andere Nationen?

Das hat mit der Belastung durch das Wissen um die schlimmen Verbrechen während der Nazizeit zu tun. Diese Belastung bleibt. Die babylonische Gefangenschaft der Juden ist nach zweieinhalbtausend Jahren immer noch im Bewusstsein der gebildeten Menschen. Auschwitz und der Genozid an den Juden werden ähnlich lange im Bewusstsein bleiben. Diese Tatsache belastet die Psyche der Deutschen und wird das weiterhin tun. Es ist eine Last, die andere Völker nicht tragen müssen.

Das klingt mir ein wenig zu selbstmitleidig: Die Opfer der Deutschen haben die Hauptlast zu tragen!

Nein. Die Last, welche die Opfer zu tragen haben, liegt auf einer ganz anderen Ebene. Die Last der Deutschen - auch der folgenden Generationen! - liegt in der Verantwortung dafür, dass sich dergleichen niemals wiederholen darf.

Und diese Last wirkt sich bis heute auf die deutsche Politik aus?

Diese Last der Verantwortung wird das 21. Jahrhundert überdauern. Aber man darf sie nicht auf Israel einschränken. Ich erlebe zum Beispiel, wie eine deutsche Bundeskanzlerin aus dem Bewusstsein heraus, belastet zu sein mit der Verantwortung, dass sich so etwas wie der Genozid an den Juden niemals wiederholen darf, zu Übertreibungen neigt. Zum Beispiel dazu, die Sicherheit Israels als einen Teil der deutschen Staatsräson anzusehen.

Wir als Volk der einstigen Täter übernehmen ein Stück Verantwortung für das Existenzrecht Israels. Was ist daran schlecht?

Mitverantwortlich zu sein für Israels Sicherheit ist eine gefühlsmäßig verständliche, aber törichte Auffassung, die sehr ernsthafte Konsequenzen haben könnte. Denn wenn es zum Beispiel zwischen Israel und Iran zum Krieg käme, dann hätten nach dieser Auffassung die deutschen Soldaten mitzukämpfen - aus Verantwortung gegenüber einem Volk, dessen Verwandten von Vorfahren der heutigen Deutschen so viel Unrecht angetan worden ist.

Ich bleibe dabei: Die große Mehrheit der Deutschen hat aus der Geschichte gelernt und ist heute weitgehend immun gegen totalitäre Versuchungen.

Ich glaube, Immunität sollte man keinem Volk bescheinigen. Das ginge zu weit. Aber richtig ist wahrscheinlich, dass wir Deutschen noch über lange Zeit totalitären Vorstellungen ziemlich ablehnend gegenüberstehen werden. Das ändert aber nichts daran, dass ich uns für emotional verführbar halte.

In Ihrem Gespräch mit Fritz Stern gehen Sie noch weiter, wenn Sie sagen: »Ich habe das dumpfe Gefühl im Bauch, dass es irgendwelche Gene gibt, die eine Rolle spielen.«

Das Wort »Gen« ist da sehr missverständlich, es klingt biologistisch. Ich habe das Gespräch nicht nachträglich korrigieren wollen. Aber ich glaube sehr wohl, dass es in der politischen Kultur ein Erbe gibt.

Deutschland ist im Vergleich zum Kaiserreich und zum Naziregime eine so sanfte Macht geworden. Wenn überhaupt, dann lässt sich heute eine ganz andere Kontinuität feststellen ...

Richtig, die Politik der Bundesrepublik ist ein Musterbeispiel für Kontinuität. Sie fängt damit an, dass seit dem Ende der fünfziger Jahre alle großen deutschen Parteien und die Parteiführer die europäische Integration und das nordatlantische Bündnis wollten. Ende der sechziger Jahre kamen die Sozialdemokraten an die Macht, und die Regierung unterschrieb gegen den Willen der Christdemokraten den Vertrag zur Nichtverbreitung von Atomwaffen. Nachdem der Christdemokrat Helmut Kohl Kanzler geworden war, hielt er jedoch an dieser Entscheidung fest. Ähnlich war es mit der neuen Ostpolitik oder mit dem Nato-Doppelbeschluss. Einer setzt die Politik des anderen fort – es gibt eine große, beruhigende Kontinuität.

Eben: Nationalismus oder Militarismus gibt es doch in der Bundesrepublik gar nicht mehr!

So etwas ist zurzeit nicht vorhanden. Im Gegenteil. Die Deutschen werden gleichwohl darüber nachdenken müssen, dass die Bundeswehr laut Grundgesetz nur die Aufgabe hat, Deutschland gegen einen Angriff zu verteidigen. Gemeint war damals die Sowjetunion, von der heute keine Angriffsgefahr mehr droht. Wozu brauchen wir also heute eine große Armee? Wozu eine Luftwaffe und eine Marine? Eine Diskussion dieser Fragen ist notwendig. Sie wird vermutlich ausgelöst werden durch Meinungsverschiedenheiten über die Beteiligung deutscher Soldaten an sogenannten humanitären Interventionen. Es ist nach dem Grundgesetz nicht die Aufgabe der Bundeswehr, am Hindukusch oder gegen Iran Krieg zu führen.

Kann sich ein Land wie Deutschland, das über beträchtliches wirtschaftliches und politisches Gewicht verfügt, aus internationalen Konflikten heraushalten?

Das hängt ganz entscheidend davon ab, ob die Europäische Union in Zukunft handlungsfähig sein wird. Und es hängt davon ab, ob Franzosen und Deutsche es fertigbekommen, auf außenpolitische Herausforderungen gemeinsam zu antworten. Zurzeit ist die Kooperation zwischen Franzosen und Deutschen nicht so gut, wie sie schon einmal gewesen ist. Es kommt außerdem auf das Verhältnis zu den anderen europäischen Nachbarn an, besonders auf ein gutes Einverständnis mit den Polen.

Sie halten »gutnachbarliche Beziehungen« für die überragende Aufgabe deutscher Außenpolitik. Ist das nicht ein bisschen wenig?

Das ist sehr viel! Abgesehen von Großstaaten wie Brasilien, Russland und China gibt es kein größeres Land auf der Welt, das so viele Nachbarn hat wie Deutschland. Wenn man Russland, England und Italien und außerdem Liechtenstein nicht mitzählt, sind es neun Nachbarn. Fast alle sind unter den Nazis von Deutschland überfallen worden. Gute Nachbarschaft fällt niemandem in den Schoß. Man muss sich Mühe geben, ein guter Nachbar zu sein. Das ist wie in einem Reihenhaus.

In einem Reihenhaus?

Ja. Da haben Sie rechts eine Nachbarfamilie, links wohnt auch eine, und ich bin mit meiner Familie in der Mitte. Die Kinder spielen miteinander, sie zanken sich, sie kommen weinend nach Hause. Und nun müssen die Eltern entweder den Streit zwischen den Kindern fortsetzen, oder sie müssen ihn dämpfen. Es ist selbst im Reihenhaus nicht naturgegeben, dass man gute Nachbarn hat.

Aber den Nachweis guter Nachbarschaft haben die Deutschen ja längst erbracht!

Jemand wie Sie, der relativ jung ist, mag das so sehen. Betrachtet man aber das ganze 20. Jahrhundert, dann waren die Deutschen lange Zeit eben keine guten, sondern böse Nachbarn. Das gilt auch für das 19. Jahrhundert, jedenfalls seit den drei Kriegen, die Bismarck geführt hat, erst gegen Dänemark, dann gegen Österreich, dann gegen Frankreich.

Halten Sie die Forderung, Deutschland solle eine größere Rolle in der Weltpolitik spielen, für unsinnig?

Ich halte sie für unzweckmäßig.

Ist das nicht ein Wegducken vor der realen Stärke, die dieses Land nun einmal hat?

Ob reale oder ob nur eingebildete Stärke: Beides kann zur Anmaßung verführen. Ich glaube nicht, dass Sie mich für einen Feigling halten. Das bin ich nicht!

Wohl wahr: Es heißt, dass Sie mit dem amerikanischen Präsidenten Jimmy Carter hin und wieder so abschätzig gesprochen hätten, wie Sie heute in den politischen Konferenzen der *ZEIT* über ihn reden.

Das kann sein. Sicherlich nicht in ausgesuchter Wortwahl, aber deutlich. Nur habe ich mich nie auf die Größe Deutschlands berufen: Ökonomische Stärke oder eine hohe Einwohnerzahl können zu Überheblichkeit, zum Wunsch nach Dominanz verführen. Wir haben 15 Millionen Einwohner mehr als Frankreich, 20 Millionen mehr als Großbritannien und Italien, doppelt so viele wie Polen, fünfmal so viele wie Holland. Es kann Angst machen, einen so großen Nachbarn zu haben.

Nun kommt aber der Ruf, Deutschland möge mehr Verantwortung übernehmen, gerade aus dem Ausland.

Ja, er kommt aus dem Ausland, und die Deutschen sollten darauf freundlich, aber negativ reagieren. Sie sollen sich nicht verführen lassen. Eine stärkere Rolle Deutschlands in der Weltpolitik birgt lauter Gefahren und nützt keinem Deutschen.

Kann die Angst vor Deutschland nicht auch politisch instrumentalisiert werden?

Das kann durchaus vorkommen, man kann Angst auch benutzen. Angst ist oft nicht vernunftmäßig begründet. Und natürlich gibt es in der politischen Klasse oder unter den politischen Journalisten auch immer Leute, die, aus welchen Gründen auch immer, ihren Lesern Angst machen wollen vor den Deutschen.

Während der Fußballweltmeisterschaft 2006 war in Deutschland große Begeisterung zu spüren, die Nationalfarben wurden ganz selbstverständlich gezeigt. Fanden Sie das eher unheimlich oder längst fällig, dass da eine Art Normalität einkehrt?

Weder fällig noch unheimlich. Die Begeisterung wäre in Brasilien noch viel größer gewesen. Auch in Italien.

Da war nichts Anstößiges?

Nein, das war ganz normal. Schon eher hat mich die Überschrift einer deutschen Zeitung gestört, nachdem der Kardinal Ratzinger zum Papst gewählt worden war: Wir sind Papst!

Die war doch eigentlich ganz originell.

Sehr originell und sehr falsch. Nicht die Deutschen sind Papst, sondern Ratzinger ist Papst.

Finden Sie die Identifikation mit einer deutschen Figur so abwegig?

Die Identifikation mit der Figur des Papstes - egal, wer gerade Papst ist - ist eine Sache. Aber der Stolz darauf, dass ein Deutscher Papst ist, ist eine andere Sache. Und die Plakatierung dieses Stolzes ist eine dritte Sache. Und diese dritte Sache ist gegen meinen Geschmack. Nun können Sie sagen, über Geschmack kann man immer streiten. Sie bleiben bei Ihrer Meinung, ich bleibe bei meiner.

1989, unmittelbar nach dem Fall der Mauer, haben linksradikale Gruppen in Berlin und anderen Städten bei Demonstrationen »Nie wieder Deutschland!« gerufen. Können Sie dieser Losung etwas abgewinnen?

Ich habe der Losung damals nichts abgewonnen und kann ihr heute auch nichts abgewinnen.

Aber sagen Sie nicht etwas ganz Ähnliches?

Nein. Was ich nicht möchte, ist Deutschland als eine große Macht.

Glauben Sie, dass jemand aus Ihrer Generation ein ungebrochenes Verhältnis zu Deutschland haben kann?

Ich habe kein gebrochenes Verhältnis zum eigenen Land. Ich erkenne die Stärken und die Schwächen des eigenen Landes - so, wie ich die Stärken und die Schwächen meines Freundes oder meines Bruders sehe, ohne deswegen ein gebrochenes Verhältnis zu ihnen zu haben. Ich bemühe mich, meinen Bruder oder meinen Freund davon abzuhalten, Dummheiten zu machen. Und ich erwarte von ihnen, dass sie mich davon abhalten, Dummheiten zu machen. So würde ich auch mein Verhältnis zu Deutschland beschreiben.

Was halten Sie von Gustav Heinemanns Satz »Ich liebe nicht den Staat, ich liebe meine Frau«?

Ich habe Gustav Heinemann sehr geschätzt, er war mir ein väterlicher Freund. Er war, ähnlich wie ich, sehr skeptisch gegenüber deutschem Machtbewusstsein, aber nicht grundsätzlich skeptisch gegenüber dem eigenen Staat. Sein zugespitzter Satz ist in einer Diskussion gefallen, in der er aus dem Handgelenk eine Antwort gegeben hat. Ich hätte den Satz so nicht gesprochen.

Würden Sie heute sagen, dass Sie stolz auf Deutschland sind?

Ich habe bisher keinen Grund, das zu sagen.

22. April 2010

»Wahlkämpfe sind keine Festivals der Ehrlichkeit«

Über komplizierte Wahrheiten in der Politik

Lieber Herr Schmidt, Politiker sagen gern den Satz: »Ich weiß, wie es einfachen Menschen geht, ich komme selbst aus einfachen Verhältnissen.« Warum ist diese Floskel so beliebt?

Bei mir ist sie jedenfalls unbeliebt.

Warum?

Das ist plumpe Anbiederung beim Publikum.

Aber es kommt beim Publikum gut an.

Glaube ich nicht. Höchstens bei einigen Leuten. Jedenfalls versuchen Politiker immer wieder, damit gut anzukommen.

Welcher Politiker könnte denn aus gutem Grund von sich behaupten, dass er aus einfachen Verhältnissen stammt?

Mir ist ein englisches Beispiel vor Augen: Kurz nach dem Krieg wurde Ernest Bevin englischer Außenminister, und jeder wusste, er kam aus der Arbeiterschaft. Das war unter Premierminister Attlee. Es gibt auch in Holland so ein Beispiel: Wim Kok, der frühere Ministerpräsident. Der kam auch von unten.

In Deutschland gibt es auch einige Beispiele: Gerhard Schröder, Sohn einer Putzfrau und eines Kirmesarbeiters, lernte nach der Volksschule zunächst bei einem Eisenwarenhändler; Joschka Fischer, Sohn eines Metzgers, ging ohne Abitur vom Gymnasium ab und verdiente seinen Lebensunterhalt zeitweise mit Taxifahren.

Aber Schröder und Fischer haben beide die Universität von innen gesehen, auch wenn Fischer nicht immatrikuliert war. Es ist richtig, dass ihre Eltern kleine Leute waren, aber sie selber hatten bessere Chancen.

Ist es wichtig, dass ein Politiker einfach spricht?

Wichtig ist, dass er verständlich spricht. Aber er darf die Dinge nicht unzulässig vereinfachen, um verstanden zu werden. Es muss wahr sein, was er sagt, und außerdem verständlich. Das ist auf manchen Gebieten schwierig, zum Beispiel auf denen der Finanzen und der Rüstung.

Wie sind Sie selbst mit diesem Problem umgegangen? In Ihrer Amtszeit spielten die Weltwirtschaftskrise und der Nato-Doppelbeschluss eine große Rolle.

Ich habe natürlich versucht, auch über diese komplizierten Dinge in einfachen Worten zu sprechen und gleichzeitig bei der Wahrheit zu bleiben. Manche Leute wollten damals nicht hören, dass es Zusammenhänge zwischen einer Weltrezession und der Arbeitslosigkeit in Deutschland gibt; sie gaben der eigenen Regierung die alleinige Schuld an der Arbeitslosigkeit. Wenn wir aber ein Viertel unseres Sozialproduktes exportieren, dann hängen wir von der Nachfrage auf den Weltmärkten ab. Das ist vielen Leuten zu kompliziert, aber es ist richtig, und es hat gar keinen Zweck, darüber hinwegzupfuschen.

Entspricht es Ihrer Erfahrung als Politiker, dass man den Bürgern gerade im Wahlkampf nicht die Wahrheit sagt?

Es entspricht nicht meiner persönlichen Erfahrung, aber ich habe sehr wohl beobachtet, dass Politiker aller Parteien sich in Wahlkämpfen häufig genug dazu verleiten lassen, Dinge, die wahr, aber unangenehm sind, zu verschweigen oder zu beschönigen. Wahlkämpfe sind keine Festivals der Ehrlichkeit.

Das ist kein neues Phänomen.

Richtig, das war schon zu Zeiten des Perikles im alten Athen so, heute vor zweieinhalbtausend Jahren.

Aber profitieren Politiker nicht langfristig davon, wenn sie die Wahrheit sagen?

Die Frage ist, wie lang ist langfristig? Es mag sich nach vielen Jahren oder gar Jahrzehnten auszahlen, wenn ein Politiker oder eine Partei immer ehrlich gewesen ist. In der konkreten Situation eines Wahlkampfs kann die Wahrheit dem Erfolg aber im Weg stehen. Es kommt natürlich auch immer sehr darauf an, wie der Politiker, der da redet, auf das Publikum als Person wirkt. Die persönliche Ausstrahlung ist mindestens ebenso wichtig wie der Inhalt einer Rede. Wenn jemand persönlich unappetitlich wirkt, kann seine Rede noch so klug sein, dann kommt er nicht an.

Auch ein Schuft könnte also gewählt werden, wenn er nur gut im Fernsehen wirkt?

Ja, das ist so.

Obwohl es doch heißt: Ab dreißig ist jeder selbst für sein Gesicht verantwortlich. Einen Schuft müsste man demnach an seinem Gesicht erkennen.

Ich würde eher sagen: Ab dreißig ist jeder selbst für seinen Charakter verantwortlich.

Würden Sie auch sagen, dass es zu den wichtigsten Aufgaben eines Politikers gehört, den Bürgern schwierige Entscheidungen nahezubringen?

Das kommt auf den Einzelfall an. Wenn ein Politiker für eine schwierige Entscheidung die Zustimmung des Parlaments braucht, dann muss er dem Parlament auch die Gründe für diese Entscheidung plausibel machen. Und er muss ihm plausibel machen, welche negativen Folgen eintreten würden, wenn man die Entscheidung gar nicht oder anders träfe. Das gehört alles dazu. Wenn der Politiker das Parlament aber nicht braucht, muss er nicht jede Entscheidung öffentlich begründen.

Es sind die Bürger, die sich danach sehnen, dass ihnen Politiker komplizierte Entscheidungen besser erklären: die Agenda 2010, die Einsätze der Bundeswehr oder die Maßnahmen zur Bewältigung der Finanzkrise.

Das, was Sie sagen, gilt nach meinem Urteil für die Agenda 2010. Die ist nicht richtig erklärt worden. Sie hatte auch ein paar kleine handwerkliche Fehler.

Wo ist die Grenze zwischen rhetorischer Überzeugungskraft und purer Demagogie?

Ich kann das an einem Beispiel festmachen: Wenn ich lese, wie die auflagenstärkste europäische Tageszeitung, genannt *BILD,* in den letzten Wochen beinahe jeden Tag den Lesern klargemacht hat, dass man sein eigenes Geld nicht dafür verwenden sollte, dem aus eigener Schuld in Not geratenen Nachbarstaat Griechenland zu helfen, dann ist das in Wirklichkeit Demagogie oder, wenn Sie so wollen, ein Missbrauch der Pressefreiheit.

Es ist auch ein Indiz dafür, dass Zeitungen in Versuchung geraten, solche Positionen einzunehmen, wenn es im Parteienspektrum niemanden gibt, der das tut.

Für Demagogie, sei es seitens einzelner Politiker oder politischer Parteien, einer Zeitung oder einer Fernsehanstalt, gibt es niemals eine Entschuldigung. Es gibt immer eine Erklärung, aber keine Entschuldigung.

Haben Sie nach dem Krieg deutsche Politiker mit demagogischer Begabung erlebt?

Mehrere, ich selber habe auch dazugehört und zuweilen demagogische Reden gehalten. Das ist allerdings ein halbes Jahrhundert her.

Ist das ein spätes Schuldeingeständnis?

Wenn Sie so wollen, können Sie das so sagen, ja.

Haben Sie ein Beispiel parat?

Ich erinnere mich an einen Vorfall, das muss 1958 gewesen sein: Ein Parlamentsmitglied, Freiherr von und zu Guttenberg, der Großvater des jetzigen Verteidigungsministers, hatte die Sozialdemokraten in demagogischer Weise angegriffen und sinngemäß gesagt: Das, was ihr Sozialdemokraten wollt, unterscheidet sich in Wirklichkeit kaum von dem, was der Ulbricht und die Kommunisten wollen. Darauf habe ich in ähnlicher Weise geantwortet und gesagt, es sei eigentlich zu bedauern, dass die Deutschen nie eine Revolution zustande gebracht hätten, die dieser Art von adligen Großgrundbesitzern die materielle Grundlage entzogen hätte. Das war spontan. Aber Guttenberg und ich sind später sehr gute Kollegen geworden.

Welcher SPD-Politiker konnte am einfachsten, aber auch am überzeugendsten zu den Menschen sprechen – Anwesende mal ausgenommen?

Unter den Sozialdemokraten gab es mehrere, die das konnten, insbesondere Ernst Reuter, der leider sehr früh, 1953, gestorben ist, aber auch Fritz Erler, der ebenfalls sehr früh gestorben ist, 1967.

Und unter den Unionspolitikern?

Strauß stand ganz zweifellos an erster Stelle, er war die größte Begabung. Jemanden wie Richard von Weizsäcker würde ich auch nennen. Natürlich hatte die damalige Opposition zwischen 1969 und 1982, als es sozialdemokratisch geführte Bundesregierungen gab, eine Reihe von tüchtigen Rednern. Manche leben inzwischen nicht mehr. Aber auf Parlamentsebene ragte Strauß durchaus heraus.

Haben Sie und Strauß sich eigentlich gemocht?

Gemocht ist vielleicht zu viel gesagt, aber wir haben uns auch privat ausgetauscht und unterhalten, und das nicht nur einmal.

Was deutsche Politiker heute auszeichnet, ist, dass sie sich mit Machtdemonstrationen in aller Regel zurückhalten und, gemessen an anderen Ländern, geradezu bescheiden auftreten.

Ich teile Ihre Einschätzung nicht. Wenn zum Beispiel die gegenwärtige Bundeskanzlerin wegen der Griechenlandkrise gleichzeitig erstens den Chef des Internationalen Währungsfonds, zweitens den Chef der Internationalen Handelsorganisation, drittens den Chef der Weltbank und viertens den Chef der Europäischen Zentralbank nach Berlin bittet, dann kann man das wirklich nicht als bescheiden bezeichnen.

Nehmen Sie nur die Ausstattung der Regierungsmitglieder, man gönnt sich hier viel weniger als etwa in Frankreich.

Ich hoffe, dass Sie recht haben. Aber es gibt auch andere Beispiele. Schauen Sie sich diesen hässlichen Bau des neuen Kanzleramts in Berlin an. Den finde ich gar nicht bescheiden, den finde ich sehr unbescheiden!

Wie fanden Sie Ihren Kanzlerbungalow?

Brauchbar.

Haben Sie darin auch selbst gewohnt?

Ja.

War er einigermaßen komfortabel?

Nein! (lange Pause)

Warum nicht?

Es war ein typischer Architektenbau - schön anzusehen, aber unpraktisch. Für Empfänge von Staatsgästen war der Kasten allerdings zu gebrauchen.

Sie haben immer wieder betont, dass Sie zum Leben nur wenig brauchen. Ist das ganz aufrichtig, oder sagen Sie das auch, weil man es von Ihnen erwartet?

Es ist erstens aufrichtig, und zweitens habe ich es nicht überbetont, sondern lediglich geantwortet, wenn ich danach gefragt wurde. Es ist ganz einfach: Es entspricht der Wahrheit.

Sie haben mal gesagt, Ihr Luxus sei auf den Besitz von Bildern und Büchern beschränkt.

Ja, das stimmt. Bilder insbesondere, seitdem mir die Musik versagt ist.

Wird es eines Tages ein Helmut-Schmidt-Museum geben, in dem Ihre Bilder ausgestellt werden?

Das wohl nicht, aber mein Haus, mit allem, was drin ist, allen Büchern und Bildern, gehört einer Stiftung, und die wird es sicherlich der Öffentlichkeit zugänglich machen, so ähnlich, wie es mit Adenauers Haus in Rhöndorf geschehen und wie es in Amerika schon seit langer Zeit für beinahe jeden Präsidenten üblich ist - aber in meinem Falle natürlich in sehr bescheidenem Rahmen.

Hat es Sie jemals gereizt, in die Wirtschaft zu gehen und viel Geld zu verdienen?

Nein, hat es nicht. Es war mir aber immer wichtig, im Alter versorgt zu sein. Deshalb wollte ich am Ende der sechziger, Anfang der siebziger Jahre auch aus der Politik ausscheiden. Ich habe damals darauf spekuliert, dass mir schon irgendjemand eine Stelle in der Wirtschaft anbieten würde; und ich habe gehofft, dass diese Stelle es mir erlauben würde, im Rentenalter vom Ersparten zu leben. Das war in einer Zeit, in der es noch keine Abgeordnetenpensionen gab. Als sich das später änderte, habe ich nie mehr über eine Karriere in der Wirtschaft nachgedacht.

Es kamen ja dann auch die Einnahmen aus Ihren Reden und Büchern hinzu.

Ja, aber das war nicht mehr wichtig. Denn es gab inzwischen nicht nur eine ausreichende Pension für die Abgeordneten, sondern auch eine Pension für den ehemaligen Bundesminister und späteren Bundeskanzler. Da spielte das Geld für mich keine wichtige Rolle mehr.

27. Mai 2010

»Ich bin ein sehr distanzierter Christ«

Über Religions- und Glaubensfragen

Lieber Herr Schmidt, haben Sie jemals mit dem Gedanken gespielt, aus der Kirche auszutreten?

Nein.

Aber ein besonders religiöser Mensch sind Sie doch nicht.

Stimmt, bin ich nicht. Ich bin ein sehr distanzierter Christ.

Warum kam ein Austritt dann nie für Sie infrage?

Warum hätte er infrage kommen sollen, muss ich gegenfragen.

Vielleicht aus Ärger über eine bestimmte Entwicklung, über bestimmte Personen, den Zustand der Kirchen.

Eine menschlich und politisch bedeutsame Entscheidung aus einem ärgerlichen Anlass zu treffen, das ist eigentlich nicht meine Art.

Können Sie es denn verstehen, dass viele Menschen aus der Kirche austreten, im Moment vor allem aus der katholischen?

Mich überrascht das nicht. In Westeuropa haben wir es seit der Französischen Revolution mit einer schrittweisen Säkularisierung zu tun. Ich glaube, dass sich dieser Prozess im 21. und auch im 22. Jahrhundert fortsetzen wird.

Sind die Austritte aus der katholischen Kirche nicht auch eine Folge der Missbrauchsfälle, die jetzt ruchbar geworden sind?

Die Missbrauchsfälle sind der Auslöser für die Austritte, nicht deren Ursache. Die Ursache ist eine zunehmende Distanzierung von der Kirche, die schon zuvor latent vorhanden war.

Wie können fragwürdige Charaktere wie der ehemalige Augsburger Bischof Walter Mixa heute noch so weit kommen?

Prinzipiell glaube ich, dass Religionsführer - egal, ob katholisch oder evangelisch, buddhistisch oder muslimisch - menschliche Wesen sind wie Sie und ich; und dass der Anteil von Leuten mit einem kleinen charakterlichen Defizit unter ihnen genauso groß ist wie unter uns gewöhnlichen Menschen ohne religiöses Amt. Es ist ein Glücksfall, wenn eine Religionsgemeinschaft oder eine Kirche jemanden zum Oberhaupt macht, der ohne solche Fehler ist oder der nur sehr geringfügige Fehler hat.

War Margot Käßmann für die evangelische Kirche so ein Glücksfall?

Das kann ich nicht beurteilen, ich habe sie nie erlebt. Ein Glücksfall auf katholischer Seite war sicherlich Johannes Paul II.

Hat es Ihnen imponiert, dass Frau Käßmann so schnell die Konsequenzen aus ihrem Fehlverhalten gezogen hat?

Sie hat konsequent gehandelt, und ihre Konsequenz verdient Anerkennung.

Würden Sie sagen, dass die Protestanten strenger sind als die Katholiken, wenn es darum geht, menschliche Schwächen zu ahnden?

Das kann ich auch nicht beurteilen. Wohl aber will es mir so vorkommen, dass die Schwächen bei den Männern sehr viel stärker zutage treten als bei den Frauen.

Ist Ihnen das Katholische eigentlich fremd geblieben, trotz Ihrer Bewunderung für Johannes Paul II.?

Nein, nicht fremd, ich habe es lediglich als anders empfunden.

Schreckt Sie eine üppige barocke Kirche ab?

Ich bin nicht sonderlich gut informiert über den Baustil und die Kunst des Barocks, obwohl ich ein Anhänger von Johann Sebastian Bach bin. Aber barocke Architektur und Malerei reißen mich nicht vom Stuhl.

Da haben Sie etwas mit Goethe gemeinsam. Er hat über die vermeintliche Verschandelung italienischer Städte durch Architekten des Barocks geschimpft.

So weit würde ich nicht gehen. Ich finde barocke italienische Städte wunderbar, aber mir sind die etwas kargeren, kunstloseren, mit Backsteinen aufgemauerten gotischen Kirchen Nordeuropas lieber. Außerdem habe ich sie vor der Haustür.

Hat Religion heute noch eine politische Bedeutung?

Erster Teil der Antwort: Ja, und diese Bedeutung wird sie auch behalten, allerdings weniger in den säkularisierten Staaten Europas. Aber wir Europäer werden bald begreifen, wie stark zum Beispiel der philosophische Lehrer Konfuzius, der vor zweieinhalbtausend Jahren gelebt hat, das Handeln der kommunistischen Führer und der breiten Massen in China bis heute beeinflusst. Zweiter Teil der Antwort: Der politische Einfluss der Religion wird sich von Gesellschaft zu Gesellschaft und von Nation zu Nation stark unterscheiden. Er wird in China anders ausfallen als nebenan in Indien, in Indien anders als in Japan, in Japan wiederum anders als in Indonesien.

Ist die Bundesrepublik heute ein säkularer Staat?

Offiziell ja, tatsächlich etwas weniger.

An welche Tatsachen denken Sie?

Zum Beispiel daran, dass der Staat die Kirchensteuer eintreibt. Oder daran, dass für Personen, die an der Spitze des Staates gestanden oder in der Politik eine gute Rolle gespielt haben, Totenfeiern in einer Kirche abgehalten werden. Da wirken alte Traditionen nach, obwohl der Verstorbene selbst womöglich weder in die Kirche gegangen ist noch jemals gebetet hat. Aber für ihn wird dann gebetet.

Gott wird auch in der Präambel des Grundgesetzes erwähnt.

Nicht nur da! Auch der im Grundgesetz festgeschriebene Amtseid enthält die Formel »So wahr mir Gott helfe«. Allerdings sogleich dahinter steht dann, der Eid kann auch ohne religiöse Beteuerung geleistet werden. Aber derjenige, der als Minister vereidigt wird und dabei die Worte hinzufügt »So wahr mir Gott helfe«, kann natürlich auch den muslimischen, den jüdischen oder einen ganz anderen Gott meinen. Für mich war das immer selbstverständlich; vor ein paar Wochen ist es dann auch tatsächlich geschehen – in Hannover, bei der Vereidigung der neuen Sozialministerin Aygül Özkan. Das hatten sich die Mütter und Väter des Grundgesetzes zwar nicht so vorgestellt. Aber sie haben den Amtseid zum Glück so formuliert, dass man die Formel heute so verstehen darf.

Welche Bedeutung hatte es, dass in der Gründungsphase der Bundesrepublik gleich zwei Parteien das C in ihrem Namen aufnahmen und sich als christlich ausgaben?

Ich habe das als einen überaus erfolgreichen taktischen Kunstgriff von damals führenden Politikern empfunden. Auch in der Weimarer Republik hatte es ja schon christliche Parteien gegeben, eine kleine evangelische und eine größere katholische, das Zentrum. Beide waren zwar moralisch und politisch wichtig, aber nach der Anzahl ihrer Abgeordneten nicht sonderlich gewichtig - abgesehen von den letzten drei Jahren, als Heinrich Brüning, ein Zentrumsmann, Reichskanzler war. Angesichts dieser Vorgeschichte war die Begründung der Christlich-Demokratischen Union ein beneidenswert erfolgreicher Schritt.

Erfolgreich auch deshalb, weil die SPD gleichzeitig als gottlos abgestempelt wurde.

Ja, das war eine ziemlich gottlose Verdächtigung, die leider eine Zeit lang gewirkt hat. Heutzutage würde sie nicht mehr wirken.

Dürfen in den Schulen eines säkularen oder fast säkularen Staates Kruzifixe hängen?

Ich muss gestehen, dass ich darüber nicht nachgedacht, sondern diesen ewigen Kruzifixstreit nur zur Kenntnis genommen habe. Pfingsten war ich am Brahmsee und bin an der Schule des Dorfes Langwedel vorbeigegangen. Da steht draußen auf einem weißen Schild in schwarzen altdeutschen Buchstaben geschrieben: »Schule zu Langwedel«. Das steht da schon seit Ende des 19. Jahrhunderts und wird immer wieder erneuert, man hält also an dieser alten Schrift fest. Das Festhalten an alten Traditionen ist etwas Heilsames. Wenn es in einem Dorf Tradition ist, dass ein Kreuz im Klassenzimmer hängt, würde ich es um Gottes willen dort lassen, solange niemand Anstoß daran nimmt.

Sollen dann auch Lehrerinnen muslimischen Glaubens im Unterricht Kopftücher tragen dürfen?

Dieser Kopftuchstreit ist Teil eines Integrationsprozesses, der bisher in keinem europäischen Staat abgeschlossen ist, der aber auf die Dauer entweder erfolgreich sein wird oder aber zum Zerfall der betroffenen Gesellschaft führen kann. Zuwanderer aus einer anderen Zivilisation, mit einer anderen Religion und anderen Traditionen kommen nach Europa, und überall treffen sie auf Unverständnis, zum Teil auf Ablehnung. Manche Politiker versuchen, die Integration der Eingewanderten zu fördern. Einige Zuwanderer wollen aber gar nicht integriert werden, und umgekehrt sind manche der alteingesessenen Bürger an der Einbettung der Einwanderer gar nicht interessiert. Wir haben es mit einem Phänomen zu tun, das im 19. Jahrhundert und in der ersten Hälfte des 20. Jahrhunderts kaum eine Bedeutung hatte. Jetzt aber hat es erhebliche Bedeutung.

Sie meinen im Ernst, den Europäern fehle es an religiöser Toleranz?

Die Europäer haben lange gebraucht, bis sie religiöse Toleranz gelernt haben. Sie waren noch vor 400 Jahren bereit, sich für die katholische oder die evangelische Wahrheit gegenseitig den Schädel einzuschlagen. Der Dreißigjährige Krieg ist das schlimmste Beispiel. Und wer von der Meinung der Kirche abwich, der wurde als Ketzer verbrannt. In Deutschland haben wir religiöse Toleranz erst als Konsequenz aus der Nazidiktatur gelernt. Die Nazis waren gegen die katholische und gegen die evangelische Kirche. Das hat die Feindschaft zwischen diesen beiden Kirchen in den Hintergrund treten lassen: Sie haben sich gemeinsam gegen die Vergewaltigung gewehrt.

Müssten demokratische Staaten der Toleranz nicht in manchen Fällen auch Grenzen ziehen?

Es kommt sehr auf die Situation in der jeweiligen Gesellschaft an. Deshalb scheue ich auch davor zurück, mich in den Kopftuchstreit oder den Burkastreit in Belgien und Frankreich einzumischen. Es gibt in jeder Gesellschaft das Phänomen, dass Menschen ihre Zugehörigkeit zu einem Verein, einer Partei oder einer Religion im Alltag zeigen wollen – sei es mit einem Abzeichen im Knopfloch, mit einer Fahne im Garten oder wie auch immer. Am Brahmsee konnten Sie Pfingsten sehen, dass einige eine schleswig-holsteinische Fahne vor ihrem Haus aufgezogen hatten, einige Hamburger hatten eine Hamburg-Fahne gehisst. Die große Mehrzahl hatte keine Fahne im Garten, aber es gab eben einige, die eine besondere Bindung an ihre Heimat zeigen wollten. In Amerika ist das viel stärker ausgeprägt als bei uns.

Gegen die Burka muss man schon deswegen sein, weil sie Symbol und Werkzeug für die Unterdrückung der Frau ist.

Man kann das sicherlich so interpretieren. Und sofern es sich um meinen Staat handelt, um Deutschland, würde auch ich verlangen, dass die Unterdrückung von Frauen - zum Beispiel auch die Zwangsverheiratung - verboten wird. Aber ich würde sehr zurückhaltend sein, wenn es darum geht, auf der ganzen Welt die Unterdrückung der Frauen zu bekämpfen, möglicherweise sogar mit Panzern und Kanonen, wie in Afghanistan. Besserwisserei gegenüber den Nachbarn oder gegenüber den Chinesen oder den Arabern gefällt mir nicht; da wäre ich sehr zurückhaltend.

Ist Religion für Sie im Alter wichtiger geworden?

Nein, unwichtiger.

Wie erklären Sie sich das?

Mit der zunehmenden Lebenserfahrung. Ich habe viele Menschen kennengelernt, die mit meiner Religion nichts zu tun haben: Ich hatte chinesische Freunde, die an ihren Kommunismus glaubten; ich war mit einem

Muslim aus Ägypten befreundet. Ich habe viele tüchtige und verantwortungsbewusste Menschen kennengelernt, die ganz andere religiöse Vorstellungen hatten als ich. So habe ich gelernt, dass Toleranz und Respekt eine dringende Notwendigkeit sind, wenn man den Frieden erhalten will. Ich glaube, dass die Menschheit sich im 21. Jahrhundert an zwei Leitworten orientieren muss: Respekt und Kooperation.

Beneiden Sie manchmal ältere Menschen, die Zuversicht im Glauben finden?

Nein, ich beneide niemanden.

Auch nicht jene, die den Tod nicht fürchten, weil sie an einen Übertritt in ein anderes Leben glauben?

Wenn jemand daran glaubt, ist das für mich in Ordnung. Es bringt mich aber nicht dazu, es ihm gleichzutun.

Beten Sie?

Nein. Ich habe vielleicht äußerlich mitgebetet, aber innerlich nicht. Es gibt allerdings zwei Gebete, die mir zu Herzen gehen. Das eine ist das Vaterunser, von Kindheit an, und das andere ist ein Gebet, das der amerikanische Theologe Reinhold Niebuhr formuliert hat, das Gelassenheitsgebet, Sie kennen es, ich habe es Ihnen schon einmal erzählt ...

Allerdings!

»Gott, gib mir die Gelassenheit, Dinge hinzunehmen, die ich nicht ändern kann, / den Mut, Dinge zu ändern, die ich ändern kann, / und die Weisheit, das eine vom anderen zu unterscheiden.« Das würde ich aus vollem Herzen mitbeten.

Aber wenn Sie so wenig glauben, warum sind Sie dann noch in der Kirche?

Weil Traditionen nützlich sind. Die Kirchen gehören zum Kitt, der die Gesellschaft zusammenhält.

10. Juni 2010

»Wie konnte die Regierung derart aus dem Lot geraten?«

Über Selbstzweifel und Rücktritte

Innerhalb weniger Tage haben zwei deutsche Spitzenpolitiker ihren Rücktritt erklärt: Hessens Ministerpräsident Roland Koch und Bundespräsident Horst Köhler. Am 30. Juni wählt die Bundesversammlung Christian Wulff zu seinem Nachfolger.

Lieber Herr Schmidt, hätten Sie es jemals für möglich gehalten, dass ein Ministerpräsident von einem Tag auf den anderen mit der Begründung zurücktritt, es gebe in seinem Leben Wichtigeres als Politik? Oder dass ein Bundespräsident hinschmeißt, nur ein Jahr nach seiner Wiederwahl?

Beide Schritte sind wirklich ungewöhnlich.

Was ist daran besonders?

Dass ein Ministerpräsident, sei es aus privaten Gründen oder weil er genug hat von der Politik, von sich aus den Entschluss fasst auszuscheiden, ist in meinen Augen in Ordnung. Allerdings sollte man das – wie

Koch – mindestens Wochen, wenn nicht gar Monate vorher ankündigen, damit Mitarbeiter und Bürger, aber auch die Opposition sich darauf einstellen können.

Gilt das auch für Horst Köhler?

Bundespräsident Köhlers völlig überraschender Rücktritt hätte die Leute weniger verstört, wenn sie vorher von Auseinandersetzungen zwischen ihm und der Bundesregierung oder anderen Kräften Kenntnis gehabt hätten. Ob es solche Auseinandersetzungen gegeben hat, weiß ich nicht. Ich möchte mich jedoch nicht in den Chor derjenigen einreihen, die Herrn Köhler seines Rücktritts wegen angegriffen haben. Er ist ein ordentlicher Mann, dem ich voll vertraue. Er gehört nicht zu meiner Partei, aber ich kenne ihn seit etwa 20 Jahren.

Bei Ihrer ersten Begegnung sollen Sie sich allerdings gestritten haben.

Das stimmt. Ich war längst schon Privatmann, während er ein tüchtiger Staatssekretär bei Theo Waigel im Bundesfinanzministerium war. Es ging um den bevorstehenden Beschluss, eine gemeinsame europäische Währung zu schaffen. Das war eine Materie, mit der ich damals seit mehr als zehn Jahren auf das Engste vertraut war, ich war damals auf diesem Felde noch ein genauso guter Fachmann wie Köhler. Worüber wir uns im Einzelnen gestritten haben, weiß ich nicht mehr.

Aber ich habe bei dieser Gelegenheit begriffen: Dieser Mann taugt was.

Hatten Sie später noch mit ihm zu tun?

Ich habe einen gewissen Anteil an seiner Berufung zum Chef des Internationalen Währungsfonds gehabt, das war im Jahr 2000. Bundeskanzler Schröder wollte, dass es endlich einmal ein Deutscher wird. Er schlug Caio Koch-Weser vor, aber den wollten die Amerikaner nicht. Daraufhin fragte mich Schröder um Rat. Ich sagte: Du musst jemanden nehmen, den die Amerikaner nicht ablehnen können, weil er öffentliches Ansehen in der Welt hat: Horst Köhler! Er war damals Chef der Europäischen Bank für Wiederaufbau und Entwicklung in London. Schröder entgegnete: Aber das ist doch ein CDU-Mann! Ich sagte: Ja, aber einer, den die USA nicht ablehnen können.

Ohne diesen Karrieresprung wäre er später wahrscheinlich gar nicht Bundespräsident geworden.

Kann sein. Die Vorgeschichte weiß Angela Merkel wahrscheinlich nicht, aber Horst Köhler kennt sie.

Wie erklären Sie sich denn Köhlers Rücktritt? Er selbst hat in seiner kurzen Abschiedsrede gesagt, die Kritik an seinen Äußerungen zu Auslandseinsätzen der Bundeswehr lasse den notwendigen Respekt für sein Amt vermissen.

Das war wohl auch so. Trotzdem ist es für mich

schwer vorstellbar, dass dies der alleinige Rücktrittsgrund gewesen ist.

Schaden die Rücktritte Kochs und Köhlers dem Ansehen der deutschen Politiker?

Das glaube ich nicht. Das Ansehen der gesamten politischen Klasse ist gegenwärtig nicht besonders gut. In dieser Beziehung ist Deutschland aber kein Sonderfall; Sie haben dasselbe Problem in Frankreich, in England, in Italien und in vielen anderen Ländern.

Aber wenn zwei fähige Politiker – und im Fall Köhlers auch ein besonders beliebter – einfach aufhören, vertieft das doch den Graben zwischen Politikern und Bürgern!

Das würde ich unterschreiben. Der eigentliche Grund für den schlechten Ruf der Politiker ist aber ein anderer: In der ganzen westlichen Welt hat das Publikum den Eindruck gewonnen, dass die Politiker die Spekulationen der Finanzmanager nicht eindämmen wollten und deshalb die Weltfinanzkrise nicht verhindern konnten. Zwar haben die Regierungen durch gewaltige Staatsausgaben, Staatsgarantien, Staatsverschuldung und eine enorm aufgeblähte Geldmenge eine Weltdepression vermieden. Aber von ihren fulminanten Absichtserklärungen zur Regulierung der internationalen Finanzmärkte und deren Finanzinstrumenten ist bisher noch nichts verwirklicht worden. Deshalb ist das Publikum in Nordamerika und Europa enttäuscht von der politischen Klasse – wie ebenso von der Managerklasse.

Ich frage Sie das, weil Sie es in unseren Gesprächen stets vermieden haben, wohlfeile Parteipolitik zu betreiben: Haben Sie jemals eine Regierung erlebt, die so zerstritten und erschöpft wirkt wie diese schwarz-gelbe Koalition in Berlin?

Nein, ein solches Ausmaß an Uneinigkeit innerhalb einer Regierung habe ich nicht erlebt. Mir fällt allenfalls eine Regierung ein, die ähnlich zerstritten war: die schwarz-gelbe Koalition unter Ludwig Erhard in der ersten Hälfte der sechziger Jahre, aus der die FDP dann ausgetreten ist. Aber das ist lange her, und es war auch nicht so bedeutend.

Wie konnte die Regierung derart aus dem Lot geraten?

Die Ursache liegt schon beinahe ein Jahr zurück. Im Sommer 2009 bewegten sich die damaligen Regierungsparteien CDU und CSU und die damalige Oppositionspartei FDP aufeinander zu und nahmen im Wahlkampf aufeinander große Rücksicht. Als sie die Wahl dann hinter sich hatten und gemeinsam über eine komfortable Mehrheit im Bundestag verfügten, schlossen sie einen über hundert Seiten langen Koalitionsvertrag, der völlig realitätsfern war: Er versprach Steuersenkungen und andere Wohltaten, obwohl ganz klar war, dass man die Staatsverschuldung und die Staatsausgaben einschränken und die Einnahmen wenn möglich aufrechterhalten musste. Es war ein ökonomisch instinktloser Koalitionsvertrag, übrigens so wirklichkeitsfremd, dass sich heute weder die CDU noch die FDP darauf berufen möchten. Da liegt der Fehler, und das gilt in gleicher Weise für Frau Merkel wie für Herrn Westerwelle.

Würden Sie sagen, dass das politische Personal heute, im Vergleich etwa zu Ihrer aktiven Zeit, eher mittelmäßig ist?

Da will ich mir kein Urteil anmaßen. Zu dem Entschluss, einen Teil des Lebens der Politik zu widmen, gehört ein starkes moralisches Motiv. Für diejenigen, die in der Nachkriegszeit in die Politik gingen, war die Motivlage eindeutig: Sie wollten ihr Land und ihre Gesellschaft wieder aufbauen, sie wollten eine Zukunft ohne Krieg und Barbarei, Karrierestreben spielte kaum eine Rolle. Inzwischen haben Jüngere die politische Führung übernommen, denen das moralische Motiv der Kriegsgeneration womöglich fehlt. Das gilt auch für die Managerklasse: Viele Manager fühlen sich heute viel weniger für die eigene Gesellschaft verantwortlich als die Vorstandsvorsitzenden vor einem halben Jahrhundert. Sie sind heute viel mehr am Profit und am eigenen Einkommen orientiert.

Auch die Welt hat sich stark verändert.

Ohne Frage. Seit der ersten Ölkrise im Jahr 1973

geht es nicht mehr darum, am laufenden Band Zuwächse zu verteilen; die Politik muss mit schweren, zugleich weltweiten ökonomischen Krisen fertigwerden. Und seit dem Ende des Kalten Krieges schreitet die Globalisierung rasch voran. Hinzu kommt, dass die europäischen Gesellschaften alle überaltern, während in vielen anderen Ländern eine Bevölkerungsexplosion stattfindet. Kurz gesagt: Die Welt ist in einem schnellen Veränderungsprozess begriffen. Das demokratische Publikum sieht das nicht so gern, und das finde ich ein bisschen unheimlich.

Gibt es Situationen, in denen ein Politiker so unter Druck gerät oder so erschöpft ist, dass er an Rücktritt denkt?

Kann ich mir vorstellen. Bei mir ist das aber nicht vorgekommen.

Aber Sie haben als Kanzler auch einige Male an Rücktritt gedacht: zum Beispiel, als die Befreiung der von Terroristen entführten Lufthansa-Maschine »Landshut« bevorstand. Und als Sie merkten, dass Ihnen 1982 die FDP von der Fahne ging.

Ja, aber das hatte mit Erschöpfung nichts zu tun.

Darf sich ein Spitzenpolitiker eigentlich Selbstzweifel erlauben?

Jeder Inhaber eines politischen Amtes, nicht nur der Bundespräsident, sollte sich von Zeit zu Zeit ernsthaft die Frage stellen: Ist das, was du letzte Woche an Entscheidungen zustande gebracht hast, ganz richtig gewesen, oder sind Zweifel geblieben? Das steht zwar nicht in der Verfassung, es ist aber eine menschliche und moralische Notwendigkeit.

Hat ein Politiker Zeit für solche Selbstreflexionen?

Zeit dafür hat er jede Nacht vor dem Einschlafen und jeden Morgen beim Frühstück. Es ist keine Frage der Zeit, sondern eine Frage der Ehrlichkeit mit sich selber. Wer das nicht kann und nicht will, ist eigentlich, auch wenn er erfolgreich sein sollte, für ein politisches Amt nicht sonderlich geeignet.

Aber honorieren die Wähler das auch? Sie scheinen manchmal unentschlossen zu sein, ob sie von Politikern Seriosität oder Unterhaltung erwarten.

Am liebsten möchten sie beides zugleich! In einer Demokratie wird der gewählt, der sich dem Publikum angenehm macht. Das ist einer der schweren Geburtsfehler jeder Demokratie. Wenn es dem Publikum nicht gefällt, was der Politiker sagt, wird er nicht gewählt. Und zwar auch dann nicht, wenn der Politiker gute Argumente hat. Die Demokratie hat so manchen Fehler.

Wie sind Sie als Politiker mit Rücktritten umgegangen?

Ich habe mehrere Rücktritte bewirkt. Einen Rücktritt hätte ich gern verhindert, nämlich den von Verteidigungsminister Georg Leber. Er fühlte sich verpflichtet zurückzutreten, nachdem in seinem Ministerium ein sowjetischer Spion entdeckt worden war. In meinen Augen war das ein unzureichender Grund, denn in jeder Regierung gibt es Spione, und dafür kann der Minister rein gar nichts. Aber es gab das Präjudiz des Rücktritts von Willy Brandt wegen Guillaume, das war wohl für Georg Leber entscheidend.

Sie sagen, Sie hätten mehrere Rücktritte bewirkt. Können Sie ein Beispiel nennen?

Will ich nicht.

Es heißt, Sie seien sehr wütend gewesen, als Willy Brandt Ihnen seinen Rücktritt ankündigte.

Ja, das stimmt. Ich habe ihn beschimpft. Ich hielt den Grund für völlig lächerlich.

Hat Ihnen der Ausbruch im Nachhinein leidgetan?

Er hat mir alsbald leidgetan; heute finde ich meine Reaktion völlig in Ordnung, es war doch ein völlig unzureichender Grund! Ein Spion im eigenen Haus ist doch für einen Bundeskanzler kein Grund zum Rücktritt – es sei denn, er hätte es selbst verschuldet, dass dieser Mann spionieren konnte.

Bei Brandt kamen noch andere Probleme zusammen: der wirtschaftliche Abschwung, die sinkenden

Umfragewerte, die Kritik aus der eigenen Partei, die Neigung zu Depressionen.

Ja, das mag so sein. Ein Grund für meinen damaligen Wutausbruch war auch, dass ich selber Manschetten hatte vor dem Amt des Bundeskanzlers.

Hätten Sie 1982 zurücktreten müssen, als Sie merkten, dass Ihnen die FDP von der Fahne ging?

Ich hätte nicht zurücktreten müssen. Ich habe ja von mir aus beschlossen, die Koalition zu beenden, dabei aber einen handwerklichen Fehler gemacht: Weil ich anständig sein wollte, habe ich dem damaligen FDP-Chef Hans-Dietrich Genscher vorab erzählt, dass ich seine Minister entlassen würde. Dadurch gab ich ihm die Gelegenheit, mir eine halbe Stunde zuvorzukommen und seinerseits den Rücktritt der FDP-Minister zu erklären.

Hat er Sie gelinkt?

Ich war derjenige, der jetzt Schluss machen wollte. Er hat mich gelinkt, das kann man so sagen, aber ich selbst hatte den Fehler gemacht.

8. Juli 2010

»Alte Steuern sind gute Steuern«

Über Spenden und Stiftungen

Lieber Herr Schmidt, amerikanische Milliardäre haben angekündigt, mindestens die Hälfte ihres Vermögens spenden zu wollen. Verstehen Sie das?

Die amerikanische Tradition gemeinnütziger Stiftungen hat mindestens seit einem Jahrhundert Bestand, insofern ist diese Initiative nichts Neues. Jeder von uns kennt die Ford-Stiftung, die Rockefeller-Stiftung und ähnliche Einrichtungen. Die großen privaten Universitäten Harvard, Yale, Princeton und Stanford beruhen alle auf privaten Stiftungen, alle sind mit Vermögen in Höhe von zweistelligen Milliardenbeträgen ausgestattet.

Für das Land ist das ein Segen.

Ja, es ist ein großer Segen. Man muss nur dazu wissen, dass in den USA jeder, der eine gemeinnützige Stiftung errichtet, entweder den ganzen Stiftungsbetrag oder einen Teil von seiner Einkommensteuerschuld absetzen kann. Das ist ganz ähnlich wie in Deutschland. Wenn ich es zuspitzen darf, würde ich sagen: Wenn jemand stiftet, dann hat er sich dafür entschieden, lieber zu stiften, als Steuern zu zahlen. Ganz so altruistisch, wie die Sache auf den ersten Blick aussieht, ist sie also nicht. Aber sie ist auch altruistisch, und das ist in Ordnung.

Brauchen wir heute mehr gemeinnützige Stiftungen, weil der Sozialstaat an seine finanziellen Grenzen stößt?

Ich glaube nicht, dass die Herren Gates und Buffett diese Initiative ins Leben gerufen haben, weil der amerikanische Fiskus in finanzielle Bedrängnis geraten ist. Es geht ihnen vielmehr darum, der schlechten öffentlichen Reputation der Banker und der Spitzenmanager entgegenzuwirken. Das kann ich gut verstehen, und ich kann es auch durchaus billigen; es nimmt der Initiative nichts von ihrem Wert. Aber man muss dieses Motiv erkennen.

Wie erklären Sie sich das überwiegend negative Echo auf die Initiative in den deutschen Medien?

Mir ist nicht aufgefallen, dass das Echo so negativ war. Aber es gibt in Deutschland immer die Tendenz, etwas Neues, das in Amerika beginnt, entweder in den Himmel zu heben oder aber in Grund und Boden zu kritisieren. Und die USA geben uns ja vielerlei Grund zur Kritik. Die weltweite Finanzkrise der Jahre 2007 bis 2009 ist zum Beispiel zweifellos amerikanischen Ursprungs.

Aber haben viele Deutsche nicht auch so etwas wie einen Grundvorbehalt gegen jeden, der reich ist?

Das geht mir jetzt ein bisschen zu weit. Der Neid ist eine natürliche menschliche Eigenschaft. Wenn aber jemand reich ist, ohne seinen Reichtum öffentlich zur Schau zu stellen – so wie der jüngst gestorbene Gründer von Aldi –, dann wird er auch nicht beneidet.

Gibt es hierzulande etwas, das mit der amerikanischen Spendenkultur vergleichbar wäre?

Aber ja! Sie reden mit einem Hamburger, der stolz darauf ist, dass seine Heimatstadt eine ähnliche Tradition gemeinnütziger Stiftungen hat, wenn auch in sehr viel kleinerem Maßstab als die USA. Die Hamburger sind ja vor allem Einzelkaufleute oder Einzelreeder gewesen, aber sie haben Krankenhäuser gestiftet, sie haben das Rauhe Haus gestiftet, um verwaisten Kindern zu helfen, sie haben Altersheime gestiftet. In meiner Kinderzeit sagte man noch von einer alten Dame, die in so ein Heim ging: Sie ist ins Stift gegangen.

Sie haben Eigentümer von Unternehmen immer höher geschätzt als angestellte Manager. Warum?

Weil die Eigentümerunternehmer nach meiner Lebenserfahrung im Durchschnitt sehr viel mehr Fingerspitzengefühl für das Wohl ihrer Angestellten und ihrer Arbeiter haben. Sie haben auch immer mehr Mitgefühl mit Leuten in Bedrängnis, und sie haben in viel höherem Maße als sogenannte Manager einen Teil ihres

Vermögens in gemeinnützige Stiftungen eingebracht, ganz besonders in Hamburg.

Dagegen kommen die sogenannten Ruhrbarone bei Ihnen sehr schlecht weg.

Das stimmt. Sie haben sich in den sechziger Jahren, als wir eine Kohlebergbaukrise hatten, zum Teil sehr schlecht benommen. Damals wurden viele Pütts dichtgemacht, viele Zechen stillgelegt, weil die Ruhrbarone den Bundesverband der deutschen Industrie beherrschten und ihn im Interesse der rheinisch-westfälischen Schwerindustrie politisch beeinflussten. Hinzu kam, dass einige von ihnen in der Öffentlichkeit unbescheiden auftraten. Sie produzierten sich zum Beispiel als Besucher bei den Bayreuther Festspielen und behängten dazu ihre Ehefrauen mit teurem Schmuck.

Was in Hamburg ja absolut verpönt ist.

Sie sagen es.

Der Versandhausgründer Werner Otto wird von Ihnen geradezu als Lichtgestalt dargestellt.

Lichtgestalt würde ich nicht sagen. Aber Werner Otto verkörpert jenen Unternehmertypus, den ich eben beschrieben habe: Er ist ein Eigentümerunternehmer mit großem sozialem Verantwortungsbewusstsein und einer sehr ausgedehnten privaten Stiftertätigkeit. Er ist übrigens vor wenigen Tagen 101 Jahre alt geworden.

Sind Sie inzwischen selbst ein vermögender, ein reicher Mann?

Nein, das bin ich nicht. Reich bestimmt nicht. Vermögend kann man mich nennen, durch die Erträge aus meinen Büchern.

Ab wann ist man denn reich, Herr Schmidt?

Dazu muss man entweder ein sehr erfolgreicher Eigentümerunternehmer oder aber ein gerissener Investmentbanker und Fondsmanager sein.

Immerhin haben Sie fast eine Million Mark in Ihre eigene Einrichtung eingezahlt, die Deutsche Nationalstiftung.

Ja, meine Frau und ich haben insgesamt mehrere Millionen für verschiedene Stiftungen aufgebracht. Wir wollten nie reich oder vermögend sein. Das Geld hat immer gereicht, und infolgedessen hat man nicht nach mehr gestrebt. Es ist reiner Zufall, dass sich gegen Ende meines Lebens meine Bücher so gut verkauft haben.

Insofern wären Sie ein wunderbarer Fachmann für eine klassische Frage: Macht Geld glücklich?

Ich glaube nicht. Wenn man aber gar kein Geld hat, dann kann das ins Unglück führen – es muss nicht, aber es kann.

Das haben Sie in Ihrer Jugend noch kennengelernt.

Ja, nach dem Krieg.

Sind Sie für eine Vermögensteuer?

Ich war empört darüber, dass die Vermögensteuer abgeschafft worden ist. Es war eine alte Steuer, und alte Steuern sind gute Steuern. Neue Steuern sind unerwünscht und lösen Streit aus. Dass ein Verfassungsrichter es fertiggebracht hat, dem Staat Auflagen zu machen, die praktisch dazu geführt haben, dass die Vermögensteuer als Ganzes wegfiel - das konnte ich ganz und gar nicht billigen.

Sind Sie auch für eine Reichensteuer?

Das Wort »Reichensteuer« will ich mir nicht zu eigen machen. Aber ich bin durchaus dafür, dass in der gegenwärtigen Situation, in der sich alle großen Staaten der Welt in hohem Maße haben verschulden müssen, um Banken und Versicherungen zu retten, die Spitzensteuersätze nach oben gezogen werden.

Vorübergehend oder unbefristet?

Ich würde meinen, ohne zeitliche Begrenzung - wohl wissend, dass die Steuern dann später auch wieder gesenkt werden, das zeigt die bisherige Erfahrung. Die Spitzensätze sind in Deutschland, aber auch in Amerika und in anderen Staaten, im Laufe der neunziger Jahre und zu Beginn dieses Jahrhunderts gesenkt worden.

Auch von Sozialdemokraten.

Auch von Sozialdemokraten. Das weiß ich wohl.

Dass die »oberen Zehntausend« in Deutschland die größte Steuerlast tragen und erheblich zur Finanzierung des Staates beitragen, spielt für Sie keine Rolle?

Mir kommen keine Tränen des Mitleids.

Sie haben einmal beklagt, dass Stifter oder Spender meistens anonym bleiben. Woran liegt das?

Einerseits sind die meisten Stifter persönlich bescheidene Leute. Das gilt zum Beispiel auch für meinen Freund Werner Otto: Dem sehen Sie seinen Wohlstand nicht an, bestenfalls können Sie ihn erahnen, wenn Sie wissen, wo er wohnt. Andererseits liegt es aber daran, dass politische Institutionen es wie selbstverständlich hinnehmen, dass jemand gespendet hat. Die Reaktion eines Stadtparlaments oder auch des Bundestags ist oft: Na ja, da hat er eben Einkommensteuer gespart. Was fehlt, ist die öffentliche Anerkennung.

Wie würden Sie das ändern?

Vor vielen Jahrzehnten habe ich mal angeregt, die Namen jener Menschen, die durch gemeinnützige Stiftungen der Stadt Hamburg geholfen haben, im Rathaus an der Wand der wunderbar repräsentativen Treppe einzumeißeln. Man hat auch tatsächlich den Namen meines Freundes Kurt Körber eingemeißelt, die Sache dann aber nicht fortgesetzt. Ich weiß nicht, warum - vielleicht aus kleinlichen Motiven, vielleicht nur aus Unachtsamkeit. Inzwischen müssten da eigentlich viele andere Namen stehen. Ich bleibe dabei: Gemeinnützige Stiftungen bedürfen der öffentlichen Anerkennung des Stifters, nicht des Vorstandes, der die Stiftung verwaltet.

Ein verbreiteter Einwand gegen Stiftungen lautet: In einer Demokratie dürfen Reiche nicht allein bestimmen, was gefördert wird und was nicht.

Dem würde ich nicht grundsätzlich widersprechen, aber es kommt natürlich darauf an, in welcher Größenordnung sich die Stifter bewegen. Wenn die Höhe des Stiftungskapitals drei oder gar fünf Prozent des gesamten öffentlichen Haushalts entspräche, würde ich diesen Vorwurf für gerechtfertigt halten. Wenn es sich dagegen um ein oder fünf Promille handelte, würde ich sagen: Schwamm drüber!

Was ist für Sie der Unterschied zwischen Stiftern und Sponsoren?

Sponsoren sind Leute, die Geld für Sportereignisse, Konzerte oder Theateraufführungen zur Verfügung stellen, bei denen auch der Name ihres Produktes oder ihrer Marke auftaucht. Sie betreiben also gleichzeitig Werbung für sich. Das ist völlig in Ordnung und nicht zu beanstanden, aber es gibt keinen Grund, einen Sponsor zu loben.

Darf ein Politiker auch Zuwendungen eines Vermögenden annehmen? Zum Beispiel auf dessen Segelschiff Urlaub machen oder sein Ferienhaus benutzen?

Rechtlich darf er das. Aber im Einzelfall ist es eine Frage des Geschmacks. Ich habe, da war ich längst nicht mehr in öffentlichen Ämtern, ganz gern das Haus meines Freundes Justus Frantz auf Gran Canaria genutzt, für den Urlaub und fürs Schreiben. Allerdings habe ich dafür auch bezahlt.

Und Ihre Segeltörns mit dem Bankier Eric Warburg?

Dafür habe ich niemals einen Pfennig bezahlt. Meistens dauerten diese Segeltörns ein oder zwei Tage. Wenn sie etwas länger dauerten, dienten sie außenpolitischen Zwecken, wir haben zum Beispiel dem Hafen von Gdynia und Danzig an der polnischen Ostseeküste einen unprätentiösen Besuch abgestattet. Oder sie dienten dazu, alle skandinavischen Ministerpräsidenten anlässlich der Kieler Woche zu treffen. Solche Sachen habe ich gern gemacht, und Eric Warburg war sehr großzügig, was solche Wünsche anging. Er war übrigens auch immer selbst mit dabei.

Werden Sie nicht von Heerscharen von Gönnern verfolgt, die Ihnen etwas anbieten wollen?

Nee.

Es heißt, Sie hätten einen chinesischen Fan.

Ja, ein Chinese hat mich mal vor vier Jahren eingeladen. Ich hatte Schwierigkeiten mit dem Gehen, saß aber noch nicht, wie heute, im Rollstuhl. Da hat er mich eingeladen, in seinem Privatflugzeug von Hamburg nach New York zu fliegen und später von Washington wieder zurück nach Hamburg. Das habe ich gern angenommen. Aber da war ich kein Politiker mehr, sondern Herausgeber der *ZEIT.*

Haben Sie den Mann kennengelernt?

Ja, er war an Bord.

War es ein Unternehmer?

Ja.

Einer dieser neuen reichen Chinesen?

Ob er so neu war, weiß ich nicht. Er war ein bisschen älter als Sie.

26. August 2010

»Die SPD hat doch die seltsamsten Personen geduldet«

Zur Debatte um Thilo Sarrazin

September 2010. Thilo Sarrazins Buch »Deutschland schafft sich ab« beherrscht die Schlagzeilen. Der SPD-Vorstand beschließt, ein Ausschlussverfahren gegen den Autor einzuleiten. Sigmar Gabriel erhebt in der ZEIT *Anklage: Unter der Überschrift »Anleitung zur Menschenzucht« erläutert er, warum die Partei Sarrazin nicht in ihren Reihen dulden könne. Im April 2011 ziehen die Antragsteller ihre Anträge auf Ausschluss überraschend zurück; Sarrazin bleibt in der SPD.*

Lieber Herr Schmidt, ich kann mich kaum an eine heftigere Debatte erinnern als diese jetzt über Sarrazins Buch. Wie lässt sich das erklären?

Es lässt sich dadurch erklären, dass Sie relativ jung sind. Wenn Sie zum Beispiel 85 Jahre alt oder 91 so wie ich wären, dann würden Sie sich an heftige öffentliche Auseinandersetzungen und Debatten erinnern, zum Beispiel über die atomare Bewaffnung der Bundeswehr in den Fünfzigern. Oder über die damals sogenannte neue Ostpolitik in den Siebzigern. Oder später über den Nato-Doppelbeschluss.

Das waren ja aber Grundsatzfragen der Politik. Hier hat sich eine politisch marginale Figur in einem Buch mit zum Teil abenteuerlichen Thesen an die Öffentlichkeit gewagt. Und es gibt dieses Riesenecho.

Die Debatten früher waren jedenfalls nicht an eine einzelne Person geknüpft. Erst später, beim Nato-Doppelbeschluss, konzentrierte es sich dann zum Teil auf die Person Schmidt und später auf die Person Kohl.

Welchen Nerv hat Thilo Sarrazin getroffen?

Offenbar mehrere gleichzeitig. Einige davon sind Nerven einer bestimmten Gruppe von Leuten. Zum Beispiel gibt es unter den jüdischen Mitbürgern einige, die sich getroffen fühlen von einer nebenher gemachten Bemerkung über die jüdischen Gene. Aber das allgemeine Interesse hat mindestens zwei Wurzeln. Erstens: Die Sachverhalte, die er beschreibt, von denen er ausgeht und für deren Therapie er Vorschläge macht und aus denen er Schlussfolgerungen zieht, die werden von vielen Leuten in Deutschland ähnlich gesehen.

Sie meinen die Defizite der Integration.

Ja; nicht alle seine sonstigen Äußerungen werden geteilt. Und das Zweite ist: Seine sonstigen Äußerungen haben viele Leute provoziert, vor allen Dingen die

Presse und die politische Klasse. Die haben zunächst eine ziemlich konzentrische Verachtungs- und Verurteilungsattitüde entfaltet, bis sie gemerkt haben - die Journalisten zuerst -, dass wesentliche Teile des Publikums ganz anders denken. Und dann wurden sie nachdenklich. Es kommt ein Drittes hinzu: Dass seine Partei, der er 30 oder 40 Jahre angehört, die Sozialdemokratie, mit dem Gedanken umgeht, ihn aus der Partei rauszuschmeißen. Das finden viele Leute nicht in Ordnung.

Und Sie?

Ich finde es auch nicht in Ordnung.

Warum nicht?

Man muss erst einmal zuhören und fragen und reden. Wir haben früher alle möglichen abweichenden Mitglieder der sozialdemokratischen Partei auch nicht als Erstes mit einem Ausschlussverfahren bedroht. Wir haben sie ertragen. Was über die SPD hinaus von Bedeutung ist, ist der Umstand, dass die Freiheit, die Meinung laut und öffentlich zu sagen, im Falle Sarrazin als gefährdet erscheint. Sie ist in Wirklichkeit nicht gefährdet. Aber wenn da jemand etwas gesagt hat, was mir nicht passt, dass ich dem dann gleich sage, ich gebe dir nicht mehr die Hand, ich will dich nicht mehr sehen - das erscheint als eine Verachtung der Meinung, die jemand anders geäußert hat. Das Grundgesetz erlaubt gute, aber auch falsche Politik. Die im Artikel 5 garantierte Meinungsfreiheit gilt nicht nur für richtige, sondern ebenso für falsche Meinungen. Dass der als sozialdemokratischer Finanzsenator sehr erfolgreiche Sarrazin provokante Äußerungen tut, daran gibt es allerdings keinen Zweifel, und ich hätte ihm, wenn er mich gefragt hätte, zur Mäßigung geraten.

Können Sie denn die Empörung vieler Menschen verstehen, wenn jemand wieder versucht, genetisch zu argumentieren?

Das ist eine der Schwächen nicht nur seiner Argumentation, sondern auch seiner Gedankenführung. Die Vermischung von Vererbung – einem genetischen Vorgang – mit kulturellen Traditionen, die er vornimmt, diese Vermischung halte ich für einen Irrtum. Es sind nicht ursächlich ihre Gene, die schuld daran sind, dass sich Leute zum Beispiel aus islamischen Ländern in Deutschland schwer integrieren lassen und sich zum Teil auch gar nicht richtig integrieren möchten. Aber sie bringen kulturelle Traditionen mit, Traditionen des Benehmens, der moralischen Überzeugung, Verhaltensnormen, die durch Vorbild, Beispiel, Schule, Elternhaus und Freundschaften tradiert werden.

Sehen Sie denn die Identität und den Bestand Deutschlands gefährdet durch eine überproportional hohe Geburtenrate von Unterschichtangehörigen, besonders aus der Gruppe der Migranten?

Das sehe ich im Augenblick nicht. Aber ich muss

Ihnen bekennen, dass ich schon in den frühen siebziger Jahren eine Bremsung der Einwanderung aus allzu fremden Kulturen als notwendig erkannt und später gefördert habe. Als ich das Amt des Regierungschefs antrat, hatten wir 3,5 Millionen ausländische Arbeitnehmer hier; als ich abgab, waren es immer noch 3,5 Millionen. Jetzt sind wir bei knapp sieben Millionen Ausländern.

Gebremst haben Sie aber nicht aus genetischen Gründen.

Richtig. Das hat doch auch mit Erbteil und Genetik nichts zu tun. Wenn Sie zum Beispiel jemanden aus einer westeuropäischen Kultur, aus Spanien oder Portugal, nach Hamburg-Eimsbüttel verpflanzen und seine Kinder gehen in Eimsbüttel zur Schule, dann geht das in aller Regel ganz ordentlich und gut. Mit Menschen aus Polen geht es besonders gut. Wenn Sie aber jemanden aus Kirgisistan oder Afghanistan hierher verpflanzen, ohne dass seine Kinder ein bisschen Deutsch verstehen, dann haben Sie spätestens in der Schule Probleme.

Wir haben seit Kurzem eine junge Kollegin, die Ihnen in der Politikkonferenz am Freitag oft gegenübersitzt. Deren Eltern kamen vor fast 40 Jahren aus der Türkei nach Deutschland, sie waren Fabrikarbeiter, die Mutter konnte so wenig Deutsch, dass sie an der Fleischtheke gackerte, um zu erklären, dass

sie Hühnerfleisch haben wollte. Aber die Tochter ist *ZEIT*-Redakteurin geworden.

Ich sage doch nicht, dass es schiefgehen muss; ganz im Gegenteil. Es gibt sehr viele Fälle, in denen es gelingt. Aber es gibt eben auch viele Fälle, in denen es nicht gelingt. Deswegen habe ich zum Beispiel darauf hingewirkt, dass die Anwerbung von sogenannten Gastarbeitern gestoppt und die Rückkehrmöglichkeiten ausgeweitet wurden. Sie waren ja angeworben worden unter der Vorstellung, dass sie *Gast*-Arbeiter seien; der Gast würde eines Tages wieder nach Hause gehen. Das wollten aber viele gar nicht.

Warum hat diese Möglichkeit offenbar niemand gesehen, nämlich dass sie bleiben würden?

Es sind ja nicht alle Spanier geblieben, auch nicht alle Italiener, nicht alle Portugiesen, sondern es sind meistens Menschen geblieben, deren Zuhause ökonomisch und sozial viel schlechter geordnet war als hier in Deutschland.

Muslime aus der Türkei?

Zum Beispiel, aber nicht nur aus der Türkei, sondern auch aus Ländern im Nahen Osten, zum Beispiel aus dem Libanon. Von denen, die von dort kamen, sind viele gern hiergeblieben. Und es war vorherzusehen, dass ihre Integration schwierig sein würde. In Wirklichkeit ist eines der zugrunde liegenden Probleme – und es ist richtig, dass darüber jetzt öffentlich geredet wird - der Umstand, dass es uns Deutschen nicht gelungen ist, alle der sieben Millionen Zugewanderten zu integrieren. Es ist uns deswegen nicht gelungen, weil wir uns nicht ausreichend angestrengt und die richtigen Schritte dafür getan haben. Wir haben einen großen Teil von ihnen wirklich integriert, einen erheblichen Teil leider gar nicht. Es ist aber nicht so sehr die Schuld dieser Migranten, wie man sie heute nennt. Die Hauptschuld liegt bei uns Deutschen. Und sie liegt auch darin, dass wir darüber nicht geredet haben. Man kann über Sarrazin sagen, was man will, er hat einen Punkt erwischt, der bisher quasi tabu gewesen ist.

Welche Tabus gibt es für Sie noch in Deutschland?

Es gibt eine relativ schmale öffentliche Debatte über die Zukunft der Bundeswehr: welche Aufgaben eigentlich die Bundeswehr haben soll, welche Aufgaben im Interesse des deutschen Volkes bestehen, gegen wen die Bundeswehr uns verteidigen soll, was die sogenannte Nato soll. Solange ich nicht weiß, was diese militärisch-strategische Organisation Nato soll, solange kann ich auch nicht wissen, was die Bundeswehr machen soll.

Diese Diskussion halten Sie nicht für einfach nur vernachlässigt, sondern für tabuisiert?

Beides. Es gibt noch ein anderes Thema, das tabuisiert wird. Das ist der Konflikt zwischen Israel und seinen arabischen Nachbarn.

Sie haben das Gefühl, dass man Israel nicht kritisieren darf?

Das ist ein weitverbreitetes Gefühl, übrigens ein moralisch durchaus achtbares Gefühl. Eine Tabuisierung ist nicht notwendigerweise moralisch verwerflich. Sie ist nur intellektuell nicht redlich.

Aber wie kommen Sie zu so einem Eindruck? Israel wird doch allenthalben kritisiert.

Nein, es wird vielmehr in der ausländischen Presse kritisiert, kaum hier in Deutschland; und aus achtbaren Gründen.

Manchmal hat man das Gefühl, dass auch Sie sich nur schwer beherrschen können, Israel nicht zu kritisieren.

Ich beherrsche mich. Denn ich weiß, dass die Erinnerung an Auschwitz und an den Versuch, die europäischen Juden auszurotten, noch weit über Ihre Generation hinaus im Bewusstsein der Nachbarn Deutschlands und der anderen Völker in der Welt aufrechterhalten bleiben wird - wie hoffentlich auch im Bewusstsein der Deutschen. Jedenfalls ist die Erinnerung heute im Bewusstsein der Deutschen so vorherrschend, dass über die gegenseitigen Schandtaten der zwei Parteien im Nahen Osten, wenn es denn nur zwei sind, in Deutschland bloß berichtet, diese aber nicht problematisiert werden.

Vielleicht gehört zu dieser Zurückhaltung auch, dass man sich nicht dem Vorwurf aussetzen möchte, am deutschen Ratschlag solle die Welt genesen.

Das wäre ja ein durchaus ehrenhaftes Motiv!

Glauben Sie, dass jemand mit der Meinung von Sarrazin in der SPD bleiben kann?

Ja. Das wird sich wohl auch so herausstellen. Manches von dem, was er geschrieben oder gesagt hat, ist vielleicht gar nicht seine endgültige Meinung: Wenn ich am laufenden Band Interviews geben müsste, würden mir auch Worte entschlüpfen, die ich hinterher beim Wiederlesen streiche. Die SPD hat doch die seltsamsten Personen jahrelang geduldet.

Aber in Ihre Zeit fällt zum Beispiel der Rauswurf des ehemaligen Juso-Chefs Klaus Uwe Benneter, der später dann eine triumphale Rückkehr in die SPD feierte und sogar ihr Generalsekretär wurde.

Er ist inzwischen erwachsen und vernünftig geworden. Damals war er das nicht.

Er hatte zum Beispiel von sich gegeben, die DKP sei bloß ein Klassengegner, die CDU aber ein Klassenfeind.

Aber allein deswegen muss ich ihn doch nicht aus der Partei ausschließen. Wenn ich jemand ausschließen will, dann gefälligst nach dem geordneten Verfahren, wie es in der Satzung steht. Ich habe mit Interesse gelesen, was Klaus von Dohnanyi über Sarrazin und die SPD sagt: »Die SPD neigt dazu, Widerspruch, wenn er streitig geführt wird, schnell als mangelndes Verständnis für soziale Fragen abzutun, anstatt die Menschen, die abweichende Auffassungen haben, sorgfältig anzuhören.« Das kann ich unterschreiben. Das heißt ja nicht, dass damit vorweggenommen ist, wie ein Verfahren ausgeht. Das ist eine andere Frage.

Hätten Sie auch Wolfgang Clement gern in der SPD behalten?

Ich finde, dass mindestens 49 Prozent der Schuld am Zerwürfnis zwischen SPD und Clement bei meiner Partei liegen.

Wenn ein ausgeschlossener Herr Sarrazin zusammen mit dem in der Partei nicht mehr gemochten und hinausgedrängten Wolfgang Clement oder einem in der CDU kaltgestellten Friedrich Merz eine eigene Partei gründen würde, glauben Sie, dass die Anklang finden würde?

Das ist mir zu spekulativ, weil die drei Personen, die Sie da genannt haben, in Wirklichkeit nur relativ kleine gemeinsame Nenner haben.

Aber sie bündeln Unzufriedenheit in der Bevölkerung.

Das ist eine wichtige Feststellung. Was sie öffentlich sagen, bringt die Unzufriedenheit des Volkes zum

Ausdruck, das stimmt. Und die Unzufriedenheit des Volkes ist eine Unzufriedenheit mit der ganzen politischen Klasse. Diese Unzufriedenheit ist wahrscheinlich nicht ungerechtfertigt. Übrigens ist das kein deutsches Phänomen; denn zum Beispiel in Frankreich oder in Italien sieht es ähnlich aus.

Sie plädieren für Fairness und Gelassenheit im Umgang mit Abweichlern?

Sie nehmen mir das Wort aus dem Mund: Gelassenheit, Anstand – und Toleranz. Die SPD hat doch sogar gegenüber Lafontaine jahrelang Toleranz geübt.

16. September 2010

»Die Frauen haben meistens ein etwas größeres Herz«

Fragen von Lesern

Herbst 2010: Das ZEITmagazin *feiert seinen 40. Geburtstag und lädt die Leser ein, Fragen an Helmut Schmidt einzureichen. Ende Oktober trifft Giovanni di Lorenzo den Altkanzler, um ihm ausgewählte Zuschriften vorzutragen. Das Gespräch, eigentlich als unterhaltsames Jubiläums-Kaleidoskop geplant, wird vom Tod von Loki Schmidt überschattet, die am 21. Oktober im Alter von 91 Jahren gestorben ist.*

Lieber Herr Schmidt, ich sitze hier mit einem Fragenkatalog, der vor dem Tod Ihrer Frau zusammengestellt worden ist. Finden Sie es merkwürdig, wenn ich Sie jetzt damit konfrontiere?

Ich finde das keineswegs ungehörig. Das Leben geht weiter, und die Zeitung muss auch weitergehen.

Sie wissen, dass die ganze Republik sich Sorgen um Sie macht.

Ja, aber das ist wohl übertrieben.

Aber Sie merken es?

Ja. Aber das Normale ist ja, dass man in diesem Alter längst auf den Friedhof gehört. Wir sind beide viel älter als der Durchschnitt geworden. Loki hatte keine Angst vorm Tode. Und ich habe auch keine Angst vor dem Tod.

Also gut: Zu seinem 40. Geburtstag hat das *ZEITmagazin* die Leserinnen und Leser gebeten, uns Fragen zu schicken, die sie Ihnen immer schon mal stellen wollten. Menschen aus allen Alters- und Berufsgruppen haben uns geschrieben, viele Studenten, sogar Schüler, und mancher hat seine Frage so formuliert, wie sie Journalisten wohl kaum stellen würden. Ich habe ein paar Zuschriften ausgewählt.

Legen Sie los!

Die erste Frage kommt von Helena Graves, einer jungen Leserin, die ein ganz besonderes Verhältnis zu Ihnen hat. Sie ist 25, studiert Modejournalismus in Hamburg und schreibt: »Herr Schmidt, mein Großvater sagt, ich hätte meine Existenz Ihnen zu verdanken, da einer der Hubschrauber, die Sie 1962 während der Sturmflut in Hamburg losschickten, meiner Mutter, die damals noch ein kleines Baby war, das Leben rettete. Wenn es Sie nicht gegeben hätte, würde es mich heute auch nicht geben. Denken Sie noch oft an die Flut?«

Nicht von allein, aber manchmal wird man darauf

angesprochen, und dann kommt die Erinnerung zurück. Die Hubschrauber kamen übrigens nicht nur von der Bundeswehr, sondern auch aus anderen Staaten der Nato. Ich hatte großes Glück, dass der Oberkommandierende in Europa, US-General Lauris Norstad, mich kannte und wusste, dass ich ein ernst zu nehmender Mensch war und kein Fantast. Er hat auf meine Anforderung sofort positiv reagiert.

Gibt es ein Bild von der Flut, das sich Ihnen besonders eingeprägt hat?

In meiner Erinnerung sind viele Bilder. Ich selbst bin ja in einem kleinen Hubschrauber, dessen Türen ausgehängt waren, das ganze Flutgebiet abgeflogen: Überall waren Menschen auf den Dächern, die auf Rettung warteten. Und im Wasser schwammen tote Kühe.

Ulrich Erk, 61 Jahre alt, Ingenieur aus Wendlingen, hat eine sehr aktuelle politische Frage. Er möchte wissen, was Sie davon halten, Parlamentsentscheidungen im Nachhinein einem Plebiszit zu unterwerfen.

Schon seit Jahrzehnten bin ich ein ziemlich strikter Anhänger der repräsentativen parlamentarischen Demokratie. Ich habe, völlig unabhängig von Stuttgart 21, immer Vorbehalte gegenüber Volksentscheiden und Volksbegehren gehabt. Der Grund dafür ist, dass viele Fragen viel zu kompliziert sind, um sie nach Gefühl und Wellenschlag mit Ja oder Nein beantworten zu können.

Haben Sie denn Verständnis für den Eindruck vieler Bürger, dass ihnen komplizierte und manchmal auch schmerzhafte Entscheidungen nicht ausreichend vermittelt werden?

Dafür habe ich volles Verständnis. Das liegt nicht zuletzt daran, dass die journalistische Parlamentsberichterstattung in Deutschland ärmlich ist. Das gilt insbesondere fürs Fernsehen. Politiker sollten nicht in Talkshows gehen, sondern im Parlament ihre Reden halten.

Das Misstrauensvotum gegen Sie am 1. Oktober 1982 beschäftigt nach wie vor viele Leser. Heiner Henkel, 52, Werbebetriebswirt aus Frankfurt am Main, erinnert sich an die Szene, als Sie Ihrem Nachfolger Helmut Kohl im Bundestag zu seiner Wahl gratulierten: »Gab es damals auch so etwas wie einen Moment der Erleichterung, Ihr Amt nach über acht schweren Jahren abzugeben?«

Ja, diesen Moment hat es durchaus gegeben. Im Übrigen aber habe ich das Ganze mit großer Gelassenheit erlebt. Schließlich und endlich hatte ich ja seit Anfang 1982 damit gerechnet.

Dazu passt, was Frank Juling, 54, technischer Leiter aus Magdeburg, von Ihnen wissen möchte: »Können Sie heute beurteilen, welche Personen in der SPD damals maßgeblich zu Ihrer Ablösung als Bundeskanzler beigetragen haben? Und aus welchen Gründen?«

Das waren wesentlich nicht Personen der SPD, sondern Personen der FDP, insbesondere Graf Lambsdorff, der inzwischen gestorben ist. Die hatten parteipolitische Gründe. Was die Sozialdemokraten angeht: Da gab es einige, die mit meiner Politik nicht einverstanden waren, die haben das aber erst laut gesagt, nachdem ich ausgeschieden war.

Roland Röhrig, 52, Dolmetscher und Übersetzer aus Borgentreich in Ostwestfalen, schreibt: »Kurz bevor Helmut Kohl 1982 sein Amt antrat, haben Sie sich mit ihm getroffen, um ihn in die Regierungsgeheimnisse einzuweihen. Können Sie heute sagen, welche das waren?«

Ich kann mich noch sehr genau an diese Unterhaltung erinnern, wenn auch nicht mehr an die Details. Ich möchte aber vermuten, dass es um die jüngsten Gespräche mit den führenden Leuten aus den USA, der Sowjetunion und anderen Staaten gegangen ist. Kohls allgemeine Kenntnisse waren völlig ausreichend; es ging mir nur darum, ihm den augenblicklichen Stand mitzuteilen und es nicht darauf ankommen zu lassen, dass er sich die Informationen aus dem Auswärtigen Amt oder anderen Ministerien zusammenklauben musste.

Ann-Kathrin Guballa, 41, Maskenbildnerin aus Hamburg, möchte wissen, was Sie am Beruf des Politikers richtig toll finden – und was ganz blöd.

Als erste Antwort würde ich sagen: Ich finde alles toll und alles ganz blöd. Im Ernst würde ich hinzufügen: Das meiste in der Politik liegt in der Mitte.

Susanne Thielecke, 39, Personalmanagerin aus Hamburg, fragt: »Waren Politiker Ihrer Generation tiefgründiger, charismatischer und umfassender gebildet als die heutigen, oder kommt uns das nur so vor?«

Tiefgründige Bildung und charismatische Begabung müssen keineswegs Hand in Hand gehen, das kann vorkommen, ist aber nicht der Normalfall. Zwei Personen ragten im vorigen Jahrhundert heraus: Winston Churchill und Franklin D. Roosevelt. Was die Deutschen angeht, so haben wir eine Reihe von umfassend gebildeten Politikern erlebt. Dazu gehörten Theodor Heuss, Carlo Schmid, Ernst Reuter, Fritz Erler und Franz Josef Strauß.

Und Helmut Schmidt?

Ich habe mir im Laufe meines Lebens mühselig, nachdem ich durch die Wehrdienstpflicht acht Jahre verloren hatte, ein bisschen Bildung angeeignet.

Eine Frage zur Elitenbildung hat auch Timm Ohnweiler, 28, Physikdoktorand aus Tübingen: »Wie kann es gelingen, dass sich in Deutschland eine echte unabhängige (politische) Elite herausbildet – und vor allem: Was kann jeder Einzelne dazu beitragen?«

Der Einzelne kann wenig dazu beitragen. Wichtig ist, dass sich in der Politik Kerle tummeln, die einen zivilen Beruf nicht nur erlernt, sondern auch mit Erfolg ausgeübt haben – damit sie eines Tages auch wieder in diesen Beruf zurückgehen können. Ein Berufspolitiker, der diese Möglichkeit nicht hat, wird abhängig davon, dass er wiedergewählt wird. Und das heißt, dass er der Versuchung ausgesetzt ist, seinem Wählerpublikum nach dem Munde zu reden.

Quoc Tuy Nguyen, 45, Angestellter im öffentlichen Dienst aus Halle an der Saale, fragt: »Hand aufs Herz: Was ärgert Sie an Brandts/Schmidts Enkeln und Urenkeln am meisten?«

Was mich immer wieder stört – »ärgern« ist der falsche Ausdruck –, ist, dass bei einigen Politikern ein Mangel an ökonomisch-sozialem Überblick besteht. Denken Sie nur an die Bankenkrise! Und bei einigen anderen stört mich die Neigung zur Oberflächlichkeit. Mit der politischen Abstammung hat das allerdings nichts zu tun, ich beobachte das in allen Parteien.

Clemens Ritter, 28, Rechtsanwalts- und Notarfachangestellter aus Berlin, würde gern wissen, welcher der gegenwärtig aktiven Politiker Ihrer Meinung nach das Zeug zum Bundeskanzler hat.

Ich will vier Namen nennen: Peer Steinbrück, Frank-Walter Steinmeier, Angela Merkel und, wenn er etwas älter geworden ist, Karl-Theodor zu Guttenberg.

Die nächste Frage stammt von Eva Birkenstock, 45, aus Heidelberg; sie ist Hochschuldozentin für Philosophie, Übersetzerin und Autorin: »Verstehen Sie das, Herr Schmidt, dass es im Land von Kant, Hegel, Schelling, Fichte, Schopenhauer, Nietzsche, Heidegger keinen verbindlichen Philosophieunterricht in Schulen gibt?«

Das verstehe ich sehr wohl. Man kann nicht alles unterrichten, und Philosophie ist ein weites Feld. Ich würde empfehlen, dass die Gymnasien nachmittags freiwillige Kurse anbieten, zum Beispiel für philosophische Fragen - aber ich würde den obligaten Lernstoff nicht noch mehr erweitern. Ich bin dafür, dass das Gymnasium nicht allzu viel Lebenszeit in Anspruch nimmt.

Noch eine Schulfrage: Paul Tiemann, 12, aus Werdohl, möchte wissen, was Sie vom Abitur nach acht Jahren halten.

Ich habe zwangsläufig und ohne dass ich das vorher wusste, nach acht Jahren Abitur gemacht, und es ist einigermaßen etwas aus mir geworden. Ein Vierteljahr vorher wusste ich noch nicht einmal, dass für mich die Schulzeit zu Ende ging.

Christian Dröttboom, 25, Verwaltungsfachangestellter aus Nettetal, fragt: »Wie sehen Sie die Rolle der Gewerkschaften in der Politik? Waren Sie ein Freund oder ein Gegner der Gewerkschaften?«

Ich bin Mitglied einer großen Gewerkschaft, seit ich in das Berufsleben eingetreten bin. Ich zahle heute noch meine Rentnerbeiträge. Ich bin ein kritischer Freund der Gewerkschaften, wohl aber ein Freund.

Viele Leser interessieren sich für Ihren Lebensstil, übrigens auch die ganz jungen. Kevin Tarantino zum Beispiel ist 17, wohnt in Waiblingen, macht eine Ausbildung zum Bürokaufmann und schreibt: »Ich habe viele Bücher von Ihnen gelesen, die meisten Interviews und eine große Auswahl an Reden. Ich weiß, wie Sie über den Krieg denken und über die meisten Probleme der Tagespolitik. Aber ich frage mich: Wie verbringen Sie Ihre Tage? Lesen Sie in jeder freien Minute, oder schauen Sie auch mal fern (ich vermute mal, eher weniger)?«

Die Vermutung, was das Fernsehen angeht, trifft zu. Es ist auch richtig, dass ich viel Zeit aufs Lesen verwende, aber ich verwende eben auch eine ganze Menge Zeit auf die Unterhaltung oder die Diskussion mit anderen. Und außerdem spiele ich immer noch Klavier, ohne wirklich hören zu können, was ich spiele.

Womit wir bei Ihrem Musikgeschmack wären: Stephan Liedtke, 25, Student aus Bonn, fragt: »Mögen Sie Bob Dylan?«

Kann ich nicht beurteilen. Meine Musik ist die klassische und die Barockmusik.

Ines Gehlert, 42, Pharmareferentin aus Hamburg, wundert sich über Ihren Wohnsitz: »Ich bin selbst in einem Reihenhaus aufgewachsen und habe mir immer gesagt: Wenn ich mal Geld habe, lebe ich anders. Sie wohnen seit Jahren in einer Reihenhaussiedlung im Hamburger Stadtteil Langenhorn – hat Sie das Kleinbürgerliche dort nie gestört?«

Niemals, denn ich bin selbst im Kleinbürgertum aufgewachsen.

Charlotte Bothe, 33, Stylistin aus Mailand, möchte wissen, ob Männer anders denken als Frauen.

Mit einigen wenigen Ausnahmen ist die Antwort: ja. Und man muss hinzufügen: Die Frauen haben meistens ein etwas größeres Herz als die Männer.

Zurück zur Politik: Die Künstlerin Esther Pschibul, 34, aus Augsburg fragt, ob Sie während Ihrer Regierungszeit gern eine Partei wie die Grünen zum Koalitionspartner gehabt hätten.

Die hat es ja zu meiner Zeit noch nicht gegeben, die Grünen. Grundsätzlich würde ich sagen: Die Grünen haben im Laufe der letzten 30 Jahre erhebliche Wandlungen durchlebt. Zum Teil stammten sie aus der 68er-Studentenrevolte, zum Teil standen sie ganz links und himmelten Mao Zedong und Pol Pot an, zum Teil waren sie aber auch Naturschützer. Und zum Naturschützer bin ich unter dem Einfluss meiner Frau auch geworden, und zwar schon im Alter von 15 Jahren! Mit dieser Art von Grünen hätte ich also sofort koalieren können, wenn es sie denn schon gegeben hätte.

Die nächste Frage kommt von Dubravko Miskic, 36, Sozialpädagoge aus Kamen: »Welches in der Vergangenheit liegende kriegerische Ereignis hätte die Durchbrechung des Souveränitätsprinzips gerechtfertigt?«

Die Durchbrechung des Souveränitätsprinzips bedeutet einen Verstoß gegen das Völkerrecht und gegen die Satzung der Vereinten Nationen. Es handelt sich also um ein Verbrechen, jedenfalls auf den ersten Blick. Es hat in der jüngeren Vergangenheit Fälle gegeben, in denen ohne völkerrechtliche Rechtfertigung kriegerische Aktionen stattgefunden haben. Ich nenne etwa den Balkan oder den Irak. Die waren nicht gerechtfertigt. Man hätte dort nicht eingreifen dürfen.

Thema Integration: Henri Hagenow, 36, Diplomphysiker aus Berlin, fragt, ob die aktuelle Debatte eine Besinnung auf deutschen Nationalstolz sei: »Müssen wir beunruhigt sein?«

Einstweilen nein. Beunruhigt müssen wir über etwas anderes sein, nämlich darüber, dass wir Deutschen uns als nicht besonders fähig erwiesen haben, Menschen, die aus ganz anderen Kulturen zu uns gekommen sind, zu integrieren. Es ist nicht nur so, dass diese Menschen Schwierigkeiten haben, sich zu integrieren –

auch wir haben Schwierigkeiten, sie zu integrieren. Da gibt es vieles nachzuholen.

Eine *ZEIT*-kritische Frage hat uns Ruth Prüfer, 62, Lehrerin aus Darmstadt, geschickt: »War Ihnen bewusst, welch idyllisches Bild von der DDR in der *ZEIT* in den achtziger Jahren gezeichnet wurde?«

Mir war bewusst, dass die *ZEIT* in den achtziger Jahren, wie übrigens auch Kohl, an der Entspannungspolitik festgehalten hat und daran interessiert war, nicht etwa durch die eigenen Beiträge im Blatt zur Spannung beizutragen. Das ist das eine. Das andere ist, dass ich seit 1959/60 gewusst habe, dass die westdeutsche und die ostdeutsche Wirtschaft sich mit Blick auf ihre Leistungsfähigkeit rasch auseinanderentwickelten: 1959/60 lag das Kräfteverhältnis, bezogen auf die einzelne Arbeitsstunde oder den einzelnen Menschen, bei etwa fünf zu drei, 1989 bei zehn zu drei. Das hat man gewusst, das haben auch die Redakteure der *ZEIT* gewusst. Wer es nicht wirklich gewusst hat, war die damalige Bundesregierung.

Wie war es dann möglich, dass viele kluge Köpfe, auch bei der *ZEIT*, die Wiedervereinigung noch Ende der achtziger Jahre für unmöglich gehalten haben?

Kein Mensch ist vor Fehlern gefeit. Ich will Ihnen eine Geschichte erzählen: Im Dezember 1981 traf ich mich mit Erich Honecker in Güstrow und lud ihn anschließend zum Gegenbesuch in die Bundesrepublik ein. Helmut Kohl hielt diese Einladung aufrecht, aber Honeckers Gegenbesuch kam erst im September 1987 zustande. Kurz zuvor schrieb ich in der *ZEIT:* Jetzt haben wir von den Deutschen in der DDR jahrzehntelang als von unseren Brüdern und Schwestern geredet. Auch wenn Erich Honecker und wir politisch und parteipolitisch nie Freunde werden können, lasst uns ihn würdig empfangen - empfangt ihn als einen unserer Brüder.

Gitta Heuß, 33, Marketingleiterin aus Hamburg, fragt: »Sind Sie ein Mensch, frei von Zweifeln, was Ihre politischen Überzeugungen angeht? Sie wirken so.«

Ob es sich um grundsätzliche Überzeugungen handelt oder aber um Antworten auf drängende aktuelle Fragen, ich habe mir immer viel Zeit genommen, um eine Sache von allen Seiten zu durchdenken, habe mit anderen darüber gesprochen und Ratschläge eingeholt. Wenn ich dann zu einer Entscheidung gekommen bin, habe ich hinterher kaum jemals Zweifel gehabt. Allerdings hatte ich nicht immer so viel Zeit. Die RAF zum Beispiel hat uns mit ihren mörderischen Aktivitäten diese Zeit oft nicht gelassen.

Marion Pajnik, 24, Studentin aus Würzburg, möchte von Ihnen wissen, warum es in ihrer Generation keine Gentlemen mehr gibt.

Gentlemen im englischen Sinne des Wortes hat es in

Deutschland sowieso nur ein paar gegeben, und einige davon waren Fatzkes.

Was ist denn ein Fatzke, Herr Schmidt?

Die haben so getan, als ob. Aber persönlichen Anstand hat es in Deutschland immer auch gegeben, und es gibt ihn heute genauso wie früher.

Eine von vielen Leserfragen, die sich ums Rauchen drehen, hat uns Weinhändler Jürgen Gödecke, 49, aus Langen geschickt: »Rauchen und Weintrinken passen eigentlich nicht zusammen. Kennen Sie trotzdem einen Wein, den man zu einer Zigarette trinken kann?«

Ich bin kein guter Weintrinker, ich trinke lieber einen Whisky. Und den durchaus auch zur Zigarette.

Sabine Schelsky, 33, selbstständige Medienberaterin aus Greifswald, fragt: »Was werden wir eines fernen Tages nur ohne Sie machen?«

(schweigt lange) Das müsst ihr selber wissen.

4. November 2010

»Möglicherweise kommt das alles von Dschingis Khan«

Autobiografisches

Lieber Herr Schmidt, lesen Sie eigentlich Autobiografien?

Nein. Wenn jemand über sein eigenes Leben schreibt, ist er der Versuchung ausgesetzt, sich ein bisschen schöner zu malen, als er in Wirklichkeit ist. Und natürlich erliegt er dieser Versuchung auch dann und wann. Deswegen halte ich von Autobiografien nicht sehr viel. Die letzte, die ich sorgfältig studiert habe, war die von Bismarck. Das liegt jetzt mehr als 70 Jahre zurück.

Und was ist mit Ihren eigenen autobiografischen Büchern? Kennen Sie diese Versuchung, die Sie beschreiben, auch von sich selbst?

Nicht nur, aber auch. Übrigens schließen meine Bücher nur zum Teil eigene Erfahrungen ein. Eine zusammenhängende Selbstdarstellung habe ich nie geschrieben. Die meisten autobiografischen Bezüge gibt es in »Außer Dienst« – das ist auch ein Versuch, eine Art Bilanz zu ziehen.

Warum eine solche Bilanz, wenn Sie Memoiren so wenig schätzen?

Weil ich aufschreiben wollte, was ich glaube, im Laufe meines Lebens gelernt zu haben. Vielleicht können Jüngere daraus Nutzen ziehen. Im Übrigen ist kein Mensch ohne innere Widersprüche. Das nehme ich auch für mich in Anspruch.

Gibt es Erlebnisse, an die Sie sich ungern erinnern oder die Sie am liebsten ein bisschen schöner machen würden?

Es gibt eine Geschichte aus meiner Jugend, an die ich mich sehr ungern erinnere. Sie hat mit meinem Großvater zu tun, dem leiblichen Vater meines Vaters. Meine Mutter wusste von ihm, und sie hat immer zu mir gesagt: Du darfst mit niemandem darüber sprechen. Tatsächlich habe ich mit meinem Vater erst über meinen Großvater gesprochen, als ich 1942 zu meiner großen Überraschung plötzlich einen sogenannten arischen Abstammungsnachweis brauchte. Die Tatsache, dass ich die acht, neun Jahre davor nie mit meinem Vater über unsere Abstammung geredet hatte, hat mich sehr belastet. Ich habe es als zutiefst ungehörig empfunden, dass eine so wichtige Sache zwischen Sohn und Vater unausgesprochen blieb.

Haben Sie die jüdische Abstammung damals als Schande empfunden?

Nein, gar nicht. Mein Vater hat unter seiner unehelichen Geburt gelitten. Außerdem hatte er während der Nazizeit Angst, dass jemand von seinem jüdischen Vater erfahren könnte. Er hatte sich eine Bescheinigung beschafft, in der stand, von Amts wegen festgestellt: »Vater unbekannt«. Er war sehr kleinbürgerlich erzogen worden und litt unter seiner unehelichen Geburt. Das hatte aber mit jüdisch oder nicht jüdisch gar nichts zu tun.

Wissen Sie inzwischen mehr über Ihren Großvater?

Vor zwanzig Jahren habe ich ein Institut, das sich mit der Geschichte der in Hamburg lebenden Juden beschäftigte, gebeten, sich für diesen Mann zu interessieren. Die haben aber nicht viel herausgefunden. Andere haben über meinen jüdischen Großvater Aufsätze geschrieben, aber ich habe das inzwischen alles wieder vergessen. Das spielt für mich überhaupt keine Rolle. Bei meinem Vater war das anders. Die Angst davor, dass seine wahre Abstammung herauskommt, hat ihn zerstört. Er ist 1888 geboren, war Ende des Zweiten Weltkriegs also noch keine sechzig. Aber er war da schon jemand, der keine Entscheidungen mehr treffen konnte, die sein eigenes Leben betrafen.

Welche Eigenschaften haben Sie von Ihren Eltern geerbt?

Ich verstehe nicht genug von Vererbung. Man weiß ja nicht, welche Gene man von wem bekommen hat. Meine Frau hatte einen leicht ostasiatischen Zug im

Gesicht - und pflegte immer zu sagen, sie stamme von Dschingis Khan ab. Das war Spaß, aber ein wenig Ernst war auch dabei. Und Dschingis Khan lebte ja 800 Jahre vor uns.

Wie haben Sie denn Ihren Vater in Erinnerung?

Mein Vater wurde als Säugling von seinen leiblichen Eltern weggegeben, weil er ein uneheliches Kind war. Er ist dann von sehr einfachen Leuten adoptiert worden. Sein Adoptivvater war ein ungelernter Stauereiarbeiter, der im Hafen einen Kran bedient und das Stückgut vom Schiff gelöscht und aufgeladen hat. Er konnte zwar einigermaßen die Zeitung lesen, aber schon mit dem Schreiben hatte er Probleme. Seine Frau stammte vom Dorf. Mein Vater hing sehr an ihr. Er hat erst später erfahren, dass sie nicht seine leibliche Mutter war.

Hat er mit Ihnen darüber gesprochen?

Sehr wenig. Mein Vater war, wie man heute sagen würde, ein Volksschüler mit Grundschulabschluss. Weil er intelligent war, hat ihm jemand eine Lehrstelle als Rechtsanwaltsgehilfe vermittelt. Später haben sie ihn dann in ein Lehrerseminar gesteckt, und so ist er vor dem Ersten Weltkrieg Volksschullehrer geworden. Nachdem er aus dem Krieg heimgekehrt war, studierte er abends nach der Arbeit und erwarb das Handelslehrer-Diplom. Er wurde Studienrat und sogar Schulleiter, bis die Nazis ihn 1933 oder 1934 absägten. Mein Vater hat eine unglaubliche Energie entwickelt, um nach oben zu kommen.

Er war ein Aufsteiger.

Ja. Er war intelligent, sehr autoritär, und er hat immerzu gearbeitet. So habe ich es in Erinnerung: Wenn er zu Hause war, saß er am Schreibtisch. Das hing wohl mit dem Abendstudium zusammen. Als Kind sehe ich ihn immer am Schreibtisch sitzen. Er durfte nicht gestört werden. Vati muss arbeiten.

Sie sitzen auch fast immer am Schreibtisch.

Stimmt, faul bin ich nie gewesen. Aber von wem das nun kommt, das weiß der Kuckuck. Möglicherweise kommt das alles von Dschingis Khan.

Jetzt haben wir schon so viele Gespräche geführt, und ich habe schon so viel von Ihnen erfahren. Aber es gibt da etwas, was ich bis zum heutigen Tag nicht verstehe: dass Sie von der Judenverfolgung unter den Nationalsozialisten erst nach dem Zusammenbruch der Diktatur erfahren haben wollen, dass Sie angeblich erst durch die Freundschaft zu dem Historiker Fritz Stern, der deutsch-jüdischer Abstammung ist, begriffen haben, was ein Jude ist. Es kann doch damals in Deutschland keinem normalen Menschen entgangen sein, wie gegen Juden gehetzt wurde, wie sie aus dem öffentlichen Leben gedrängt und gedemütigt wurden.

Die Propaganda ist mir keineswegs entgangen. Ich musste ja zu Fuß zur Klavierstunde und bin jede Woche auf dem Hin- und Rückweg an einem Kasten vorbeigegangen, in dem unter Draht *Der Stürmer* auslag. Den fand ich ekelhaft. Nein, dass die Juden schlecht behandelt wurden, war klar; dass sie gefährdet waren, war auch klar; aber dass sie umgebracht wurden, das habe ich nicht gewusst. Ich nehme auch an, dass mein Vater es nicht gewusst hat.

Auch in Ihrer langen Zeit als Wehrmachtssoldat haben Sie das nicht mitbekommen?

Nein, überhaupt nicht.

Haben die Soldaten von der Ostfront nie berichtet?

Ich bin doch selbst Ostfrontsoldat gewesen, 1. Panzerdivision, ganz vorn! Nein!

Sie haben nichts gewusst von den Massenhinrichtungen und Deportationen, die es dort gegeben hat?

Das war alles im »rückwärtigen Gebiet«, wie man früher zu sagen pflegte, ein Ausdruck aus dem Ersten Weltkrieg. Da vorn, wo wir waren, gab es das nicht. Nein, ich habe es nicht mitgekriegt. Fritz Stern kann das nicht verstehen, und Sie können es offenbar auch nicht verstehen. Aber es war so. Warum sollte ich etwas anderes erzählen als das, was ich erlebt habe?

Ärzte, Anwälte, Ladeninhaber und Klassenkameraden verschwanden von einem Tag auf den anderen, haben Sie das auch nicht mitbekommen?

Einige Klassenkameraden verschwanden, ja. Die sind rechtzeitig ausgewandert.

Wussten Sie damals, warum sie auswandern mussten?

1933 war ich gerade 14 geworden, also eigentlich noch ein Kind. Da habe ich nicht begriffen, dass das mit dem sogenannten Judentum zu tun hatte. Da war dann plötzlich mein Schulfreund Helmuth Gerson mit seinen Eltern ausgewandert. 15 Jahre später hat er mich am Brahmsee besucht.

Wohin hatte es ihn verschlagen?

Nach Kalifornien. Das waren ja erstaunliche Schicksale! Michael Blumenthal ist auch so ein Fall ...

... der Direktor des Jüdischen Museums in Berlin ...

... ja, er ist ein paar Jahre jünger als ich, wohl 1926 in Berlin geboren, und erst sehr spät aus Nazideutschland geflüchtet, nach Shanghai. Von dort ist er in die USA ausgewandert, 1977 wurde er Finanzminister unter Präsident Carter. Wir hatten beruflich miteinander zu tun und haben uns angefreundet, aber ich hatte zunächst keine Ahnung, dass er mal Deutscher war.

Weil Sie gerade Jimmy Carter erwähnen – haben Sie eine Erklärung dafür, dass er in seinem White-House-Tagebuch, das gerade veröffentlicht wurde, so auf Sie eindrischt?

Das kann ich gut verstehen. Er hat sich furchtbar über mich geärgert.

Warum?

Das weiß ich nicht mehr. Ich habe mich aber auch über ihn geärgert.

Wussten Sie, dass die CIA damals sogar ein Psychogramm von Ihnen anfertigte, um herauszufinden, warum Sie Carter gegenüber so feindselig eingestellt waren?

Das wusste ich nicht. Heutzutage bräuchte man die CIA nicht mehr, da würde WikiLeaks genügen. Aber im Ernst: Ich war nicht feindselig, ich war und bin ja im Prinzip proamerikanisch eingestellt. Daran hat auch Jimmy Carter nichts geändert. Er war ein ganz wohlmeinender Politiker, der immer das Beste wollte, ein anständiger Mensch. Aber es ist mir mehrfach passiert, dass wir etwas miteinander verabredet hatten und er nach ein paar Wochen einfach seine Meinung geändert hat.

Genau das hält er in seinem Tagebuch Ihnen vor!

Davon weiß ich nichts. Ich habe es nicht gelesen und muss es auch nicht lesen.

George W. Bush wirft Gerhard Schröder in seinen Memoiren vor, wortbrüchig geworden zu sein: Erst habe Schröder ihm Unterstützung im Irakkrieg zugesagt, dann sei er davon wieder abgerückt.

Ich würde die Memoiren von George Bush genauso wenig lesen wie die von anderen. Ich habe das Vorurteil, dass sie nicht wichtig sind. Die Haltung Schröders, sich am Irakkrieg nicht zu beteiligen, war absolut notwendig und richtig. Da bleibe ich bei meiner Meinung.

Sie haben eben schon auf die WikiLeaks-Affäre angespielt: Braucht die Öffentlichkeit den Geheimnisverrat, um an bestimmte Wahrheiten heranzukommen?

Zunächst einmal braucht sie den Geheimnisverrat, um ihre Sucht nach Kriminalstorys befriedigen zu können. Es macht ja vielen Leuten Spaß, so etwas zu lesen. Für die amerikanische Regierung dagegen sind diese Veröffentlichungen eine schlimme Sache, die diplomatischen Beziehungen werden eine Zeit lang beeinträchtigt sein. Aber die Amerikaner werden das überwinden.

Haben Sie Verständnis dafür, dass einige Zeitungen die WikiLeaks-Protokolle veröffentlicht haben?

Ich habe dafür Verständnis, aber keine Sympathie.

Ist es nicht im Interesse der Demokratie, geheime Dokumente zu veröffentlichen, wenn sie eine Großmacht belasten?

Das würde ich bejahen. Bei solchen Sachen wie Abu Ghraib oder Guantánamo würde ich sogar sagen, dass es eine moralische Pflicht zur Veröffentlichung gibt. Aber es muss möglich bleiben, dass ein Gespräch, das zwei Personen miteinander führen, vertraulich bleibt.

Wie finden Sie jetzt die Hatz amerikanischer Firmen und Politiker auf den WikiLeaks-Gründer Julian Assange?

Unklug. Das wirkt wie Rache, und das ist es auch.

Hatten Sie manchmal das Gefühl, Ihr Bild für die Nachwelt zumindest mitgestalten zu müssen?

Nein, hatte ich nicht. Ich habe ein Archiv, das ist eine gute Einrichtung. Da sind pro Jahr mindestens zwölf verschiedene Leute, die ein Buch oder eine Dissertation schreiben wollen und dann zwei, drei Tage dort herumwühlen. Aber das eigene Bild kann man damit nicht wirklich beeinflussen.

Auch nicht, indem man Dinge verschwinden lässt?

Das müsste man organisieren. Das Auswärtige Amt kann Akten verschwinden lassen. Aber ein Einzelner? Es gibt ja keine Akten, die nur ein Mal da sind. Was nur ein Mal da ist, sind handgeschriebene Privatbriefe. Ich habe neulich gestaunt, weil ich zwei große Kisten gefunden habe, voll mit Privatbriefen von mir an meine Frau. Zum Teil noch aus der Kriegszeit. Meine Frau hatte sie aufgehoben. Ich habe das nicht getan, ich habe keine Briefe von ihr aus dieser Zeit.

Warum nicht?

Weiß ich nicht. Kriegsumstände. Als normaler Mensch bewahrt man doch keine privaten Briefe auf!

Liebesbriefe eigentlich schon.

Ich habe das jedenfalls nicht getan. Hinzu kommt, dass 1943 in Hamburg alles verbrannt ist. Und dass wir später dauernd umgezogen sind, hin und her zwischen Hamburg und Bonn.

Werden Sie die Briefe nun veröffentlichen?

Nein. Die bleiben Privatsache. Ich habe sie erst mal in die Wohnung meiner Tochter geschafft.

22. Dezember 2010

»Mir fehlt die klare, knappe Analyse«

Medienkritik

Lieber Herr Schmidt, über ein Thema schimpfen Sie in unseren Konferenzen besonders gern: Die Medien berichten Ihrer Meinung nach zu wenig über internationale Politik. Aber in Qualitätsblättern wie der *FAZ*, der *Süddeutschen* oder der *ZEIT* dreht sich doch die Hälfte der Artikel um Internationales.

In der *ZEIT* ist es nicht die Hälfte.

In der Regel schon!

Dann lass uns mal eine *ZEIT* holen! (nimmt sich die Ausgabe vom 3. Februar vor) Hier ist vorne auf der ersten Seite die Titelgeschichte »Arabien steht auf«, und einer der beiden Leitartikel beschäftigt sich mit Europa ...

... sage ich doch: zweimal Internationales auf der Eins. Auf den Seiten zwei bis sieben geht es dann um die Entwicklungen von Tunis bis Amman, wir haben eine Reportage aus Kairo, Reaktionen aus aller

Welt, ein Interview mit dem ehemaligen israelischen Botschafter Shimon Stein, unter anderem. Und weiter geht's: Auf der Acht steht ein Artikel über Berlusconi, auf der Meinungsseite ein Beitrag über westliche Interventionen.

Ist richtig. Vielleicht habt ihr diesmal Glück gehabt. (lacht)

Was vermissen Sie also?

Analyse. Vieles von dem, was in der *ZEIT* steht, sind auswärtige Reportagen. Was mir fehlt, sind die klare, knappe Analyse und der Überblick! Ich vermisse Analysen in den deutschen Medien insgesamt, wobei ich weiß, dass das Fernsehen dafür wenig geeignet ist. Aber auch in den Qualitätszeitungen, die Sie genannt haben, finde ich bestimmte Themen nicht. Nehmen Sie zum Beispiel die phänomenale Entwicklung in Brasilien – übrigens das einzige Land in Südamerika, das nicht Spanisch spricht! Es spricht Portugiesisch und bleibt dabei. Und setzt sich als ökonomische Weltmacht durch.

Wie informieren Sie sich über das Weltgeschehen?

Ich bekomme den Pressespiegel aus den wichtigsten Hauptstädten, den auch die deutschen Diplomaten bekommen. Daraus könnte ich jeden Tag 30 Zeilen machen: über die Entwicklung in Polen, in Ungarn, in den drei baltischen Republiken, wo die Esten, die jetzt Mitglied von Euroland werden, erstaunlicherweise ihre Wirtschaft in Ordnung bekommen. Journalisten beleuchten das ebenso wenig wie das Verhältnis der Kremlführung zum Rechtsstaat.

Ich bin überrascht, dass Sie noch gar nichts zu China gesagt haben ...

Sie haben recht, China liegt mir sehr am Herzen. Vor allem das Verhältnis zwischen China und Indien ist hochinteressant. Gleiches gilt für das Verhältnis dieser beiden Weltmächte zum Afghanistankonflikt. Wie stehen die zentralasiatischen Republiken Kasachstan, Usbekistan, Kirgisistan, Turkmenistan, Tadschikistan zu Afghanistan? Wie die Türkei und Iran? Das wird in den Medien alles nicht berührt.

Wie würden Sie das Afghanistanthema auf den Punkt bringen?

Alle Großmächte rund um Afghanistan sind heilfroh darüber, dass die Amerikaner da Krieg führen. Die Amerikaner ihrerseits machen überhaupt keine Anstrengungen, die anderen Großmächte für irgendeine Lösung zu gewinnen, die es ihnen erlaubte, sich aus Afghanistan zurückzuziehen.

Über die USA berichten deutsche Medien traditionell viel.

Stimmt, aber auch hier gibt es Defizite: Es fehlt zum Beispiel an einer Analyse der US-Politik gegenüber Staaten wie Kolumbien, Venezuela, Nicaragua oder Panama.

Rechnen Sie mit einer Renationalisierung der amerikanischen Politik?

Ich würde von einer Reorientierung auf die innere Politik sprechen. Die USA werden ungefähr in der Mitte dieses Jahrhunderts begreifen, dass es nicht die Hauptaufgabe ihrer Politik ist, die Welt in Ordnung zu halten, sondern dass es für sie das Wichtigste ist, die Bedürfnisse der afro- und latinoamerikanischen Mehrheit ihres Wahlvolks sozial zu befriedigen.

Und wer spielt dann Weltpolizei?

In der zweiten Hälfte des Jahrhunderts wahrscheinlich keiner mehr. Vorher allerdings kann es durchaus noch einmal einen Aufschwung des Größenwahns geben – wenn zum Beispiel in zwei Jahren ein rechter Republikaner Präsident der USA wird, der meint, endlich mal Ernst machen zu müssen mit den Drohungen gegen Iran.

Ist es gut oder schlecht für die Welt, wenn es keinen dominanten außenpolitischen Akteur mehr gibt?

Es ist wahrscheinlich weniger gefährlich für die Welt als etwa die Kubakrise des Jahres 1962. Ich denke, die Welt als Ganzes wird weniger unsicher sein, wenn es keinen dominierenden Staat mehr gibt.

Wie werden die Kräfte dann verteilt sein?

Ich kann mir ein ökonomisches Gleichgewicht vorstellen zwischen China, Nordamerika und der Europäischen Union. Und ich kann mir vorstellen, dass es drei große Währungen geben wird: den chinesischen Renminbi, den Dollar und den Euro. Die USA werden eine Großmacht bleiben, die Vitalität der amerikanischen Nation ist groß. Aber es ist unwahrscheinlich, dass die Amerikaner im Jahr 2050 immer noch versuchen werden, überall auf der Welt ihren Willen durchzusetzen.

Fürchten Sie, dass die Deutschen eines Tages wieder Freude an militärischen Einsätzen empfinden könnten?

Diese Gefahr ist nicht ganz von der Hand zu weisen. Sie mag klein sein, aber wenn die Deutschen jetzt eine Berufsarmee mit 180 000 Mann aufbauen, dann muss man sich fragen: Was sollen die eigentlich verteidigen, und gegen wen? Da ist eine der schlagkräftigsten Armeen der Welt im Entstehen. Ein Dritter, zum Beispiel in Washington, könnte relativ leicht auf die Idee kommen: Die können wir doch für Interventionen einsetzen! Und dann wird wieder an die Bündnistreue der Deutschen appelliert: Wir haben euch mit dem Marshallplan geholfen, jetzt müsst ihr uns in Belutschistan helfen.

Immerhin geben Sie die Europäer nicht verloren.

Nein, das nicht. Aber sie haben praktisch seit dem Vertrag von Maastricht 1991/92 nur noch eine Sache fertiggebracht: den Euro. Es gelten, trotz der Erweiterung, immer noch die alten Spielregeln; es gibt keine gemeinsame Wirtschafts-, Finanz- oder Steuerpolitik.

Wie erklären Sie sich das?

Die europäischen Regierungen haben nicht verstanden, dass eine gemeinsame Währung allein nur im Glücksfall für Wohlstand sorgen kann. Und jetzt streiten sie sich stundenlang darüber, ob man so armen Kerlen wie den Griechen, den Portugiesen, den Iren mit Geld helfen soll oder mit Bürgschaften - oder ob man ihnen lieber raten soll, Konkurs zu machen. Das ist übrigens auch so etwas, was keiner schreibt: Wenn Griechenland gerettet wird, steht das Interesse der deutschen, englischen und französischen Banken dahinter. Das ist die notwendige Analyse: Die Griechen sind nicht in der Lage, ihre Anleihen zu bedienen. Und wer leidet darunter? Die ausländischen Banken, die ihnen das Geld geliehen haben!

Aber das steht doch ständig in den Zeitungen, auch in den deutschen ...

Hier und da vielleicht, im Wirtschaftsteil. Aber man muss sich zum Beispiel auch fragen: Wie kommt es eigentlich, dass niemand gemerkt hat, dass die Griechen sich über Gebühr verschuldet haben? Wer trägt dafür die Verantwortung? Ich glaube, zunächst einmal die Europäische Kommission. Und das Europäische Parlament. Das ist ein Stichwort für mich: Über Debatten des Europäischen Parlaments berichten die deutschen Medien überhaupt nicht!

Weil sie auf wenig Interesse stoßen ...

... das ist auch die Schuld des Europäischen Parlaments, das nicht auf den Tisch haut und sagt: Da machen wir nicht mit! Ich würde mir einen Putsch des Europäischen Parlaments wünschen. Dann könnte es diesen Unsinn mit 27 Kommissaren abschaffen und die EU endlich funktionstüchtig machen.

Würden Sie trotzdem sagen: Europa ist überlebensfähig und wird eine Großmacht bleiben?

Europa ist überlebensfähig, das würde ich unterschreiben. Bei dem zweiten Punkt hätte ich Zweifel; gegenwärtig ist die EU keine Großmacht.

Wird die parlamentarische Demokratie in den westlichen Staaten das vorherrschende Modell bleiben?

Erstens muss man das hoffen, und zweitens muss man alles dafür tun. Aber ganz sicher kann man sich nicht sein. Was wir zum Beispiel in Italien mit Herrn Berlusconi erleben, ist so etwas wie Diktatur durch Populismus. Diese Gefahr gibt es.

Glauben Sie, dass Russen und Chinesen sich mit der Zeit in Richtung Demokratie entwickeln werden?

Die Chinesen entwickeln sich in Richtung Meinungsfreiheit, nicht notwendigerweise in Richtung Demokratie. Der Staat spielt nach wie vor eine Riesenrolle, aber sie haben im Lauf der letzten 25 Jahre ein erhebliches Maß an geistiger Freiheit entfaltet – was der

Westen nicht mitbekommen hat. Heute können Sie an einer chinesischen Hochschule, sogar auf der Parteihochschule, über fast jedes Thema der Welt debattieren. Das ist ein unglaublicher Fortschritt!

Und in Russland?

In Russland verläuft dieser Prozess viel langsamer. Dort sind zwar Fortschritte in Richtung formaler Demokratie gemacht worden, es gibt zum Beispiel ein Mehrparteiensystem. Aber an geistiger und politischer Freiheit mangelt es.

Sie haben vorhin eine tripolare Welt skizziert, mit Amerika, China und Europa in den Hauptrollen. Was wird aus Russland?

Russland wird im Laufe des Jahrhunderts eine immer geringere Rolle spielen - obwohl es dort eine Masse an Rohstoffen gibt, die zum Teil bisher noch nicht einmal exploriert sind. Aber die politische Kultur, die Art und Weise, wie das Land regiert wird, hat sich seit Iwan dem Schrecklichen nicht sonderlich geändert. Heute gibt es dort zwar mehrere Parteien, aber nach wie vor ein Staatsregiment.

Und das Staatsregiment ist eher ein Hemmschuh?

Ja. Die Russen haben es ja komischerweise nicht fertiggekriegt, ihr enormes technisches Wissen und Können zu nutzen und anstelle von Kriegswaffen und Raketen zum Beispiel Kühlschränke und Küchengeräte zu produzieren. Denken Sie nur an die Sputniks: Die ersten Satelliten im All waren aus Russland! Es ist zum Heulen, wenn man sieht, wie dieser unglaubliche Sachverstand verloren geht. Die besten Leute sind ins Ausland gegangen und sind jetzt Professoren in Harvard – und zu Hause ist wenig.

Fühlen Sie sich vom Islam bedroht?

Ich fühle mich nicht bedroht. Aber ich glaube, dass man die mehr als 15 Jahre alte Prognose von Samuel Huntington, den clash of civilizations, für möglich halten muss. Wie wahrscheinlich dieser clash ist, ist eine andere Frage. Aber dass er völlig unmöglich sei, kann heute keiner mehr behaupten.

Wo sehen Sie Gefahrenherde?

Das größte islamisch geprägte Land der Welt ist Indonesien. Es hat 240 Millionen Einwohner, weitgehend Muslime. Die werden eines Tages aufwachen. Und dann gibt es die Staaten rund um den Persischen Golf. Sie haben sehr viel Öl, sehr viel Geld und große Überschüsse. Man kann sich durchaus vorstellen, dass diese Staaten viel Geld nicht nur in künstliche Erholungsinseln stecken wollen. Sie könnten damit auch etwas anderes machen. Zum Beispiel Indonesien finanzieren – oder Algerien oder Ägypten oder einen islamischen Staatenverbund.

Gibt es sonst noch etwas, das Ihnen Sorgen macht?

Ja. Ich halte die virulente Überheblichkeit des Westens gegenüber dem Islam für töricht. Die gibt es seit über tausend Jahren; sie wurde und wird auch im Vatikan betrieben. Und inzwischen ist es für die meisten Amerikaner und Europäer ziemlich selbstverständlich geworden, auf den Islam hinunterzuschauen.

Glauben Sie im Ernst, dass man Selbstmordattentate durch eine respektvollere Haltung gegenüber dem Islam verhindern könnte?

Nein, das glaube ich nicht. Aber ich bin mir sicher, dass die Überheblichkeit des Westens gewaltig dazu beiträgt, dass junge Leute, die arbeitslos sind und in ihrem Land ökonomische, soziale und politische Missstände erleben, sich radikalisieren lassen. Das ist ja nichts Neues.

Ich möchte noch einmal auf Ihre Medienkritik zurückkommen: Glauben Sie wirklich, dass die Leute heute noch Sehnsucht haben nach Besinnungsaufsätzen zu Themen wie »Quo vadis, Europa?« oder »Die Nato gestern, heute und morgen«?

Ob die Leute Analysen lesen wollen oder nicht, ist eine andere Frage. Manchmal müssen auch Dinge geschrieben werden, die zunächst kaum jemand lesen will. Irgendwann erreichen sie dann doch die politische Klasse – und die Medien.

17. Februar 2011

»Zuverlässig, urteilssicher, tatkräftig«

Stellenprofil eines Politikers

April 2011. Nach dem Rücktritt von Bundesverteidigungsminister Karl-Theodor zu Guttenberg wird in Deutschland über die Glaubwürdigkeit von Politikern diskutiert.

Lieber Herr Schmidt, was macht Ihrer Erfahrung nach einen guten Politiker aus?

Es kommt sehr auf den Politikertypus an: Jemand, der einen Beruf ausübt und nebenbei ein politisches Mandat wahrnimmt, zum Beispiel im Kreistag von Pinneberg, der ist ebenso ein Politiker wie ein Fraktionsvorsitzender im Bayerischen Landtag. Aber an den Kreistagspolitiker würde ich geringere Anforderungen stellen als an den Landtagsabgeordneten. Und für einen Bundestagsabgeordneten, der keinen Beruf nebenher ausübt, gelten noch einmal höhere Anforderungen.

Was darf man von einem Bundestagsabgeordneten verlangen?

Zunächst einmal muss er fleißig sein und viel lernen. Wer zum ersten Mal in den Bundestag gewählt wird, weiß zunächst von den Dingen, die er dort mitentscheiden muss, relativ wenig. Er sollte auch die Geschichte Deutschlands und seiner Nachbarländer studieren: Erster Weltkrieg, Weimar, Nazizeit, Zweiter Weltkrieg, Auschwitz, Europäische Union.

Sind unsere Parlamentarier denn fleißig?

Fleißig sind sie. Aber ihre Kenntnisse der Geschichte sind nicht ganz ausreichend.

Sollte ein guter Politiker Generalist oder Spezialist sein?

Ein Abgeordneter muss sich mindestens ein Politikfeld aussuchen, auf dem er sich selbst für urteilsfähig hält - zum Beispiel, weil er bestimmte berufliche Erfahrungen mitbringt. Und dann muss er seine Kenntnisse auf diesem Spezialgebiet mit viel Fleiß vertiefen. Es gibt jedoch hundert andere Felder, wo sein eigenes Urteil nicht ausreicht. Da muss er sich nach dem richten, was Freunde, Kollegen oder der Parteisprecher ihm empfehlen.

Entscheiden die Abgeordneten also meistens über Dinge, von denen sie gar nichts verstehen?

Diese Formulierung ist mir zu sehr zugespitzt, ich

würde das ein bisschen anders ausdrücken. In vielen Fällen reicht die persönliche Urteilskraft des Einzelnen tatsächlich nicht aus. Es kann aber auch vorkommen, dass es keine wichtigeren Maßstäbe gibt als das eigene Gewissen. Als der Bundestag über die Verjährung für Mord in der Nazizeit entscheiden musste, hat er lange debattiert, beinahe zwei Jahrzehnte, bis er sich schließlich zur Aufhebung durchgerungen hat. Und jeder Abgeordnete wusste: Weder das Grundgesetz noch das Neue Testament gibt mir eine Richtlinie vor.

Welches Spezialgebiet haben Sie sich ausgesucht, als Sie 1953 in den Bundestag einzogen?

Ich habe mich zunächst auf die Verkehrspolitik konzentriert, denn ich war ja hier in Hamburg Leiter des Amts für Verkehr gewesen und habe zum Beispiel daran mitgewirkt, dass die Lufthansa neu begründet wurde. Im Bundestag habe ich mich um Luftverkehr, Eisenbahn, Kanalbau und Straßenverkehr gekümmert. Nach kurzer Zeit merkte ich aber, dass es ein anderes Feld gab, das viel wichtiger und viel stärker problembelastet war, nämlich die sogenannte Remilitarisierung, die Gründung der Bundeswehr. Deshalb habe ich mich von 1955 an ganz auf militärisch-politische Fragen konzentriert.

Welche besonderen Fähigkeiten muss ein Spitzenpolitiker mitbringen?

In jeder Demokratie wollen die Politiker gewählt

oder wiedergewählt werden. Das heißt, sie müssen die Fähigkeit haben, die Wähler davon zu überzeugen, dass sie ehrliche Menschen sind, zuverlässig, urteilssicher, tatkräftig. All das versuchen die Kandidaten ihrem jeweiligen Publikum klarzumachen. Und mitunter erliegen sie dabei der ungeheuren Versuchung, dem Publikum nach dem Mund zu reden und das wegzulassen, was die Leute womöglich nicht hören wollen. Das ist eine unvermeidliche Begleiterscheinung der Demokratie.

Ist die Gefallsucht, die Tendenz, sich anzubiedern, heute größer als früher?

Ich scheue mich, Ihnen eine klare Antwort zu geben, weil ich ja zur älteren Generation gehöre und deshalb sozusagen Partei bin. Natürlich hat sich die Medienlandschaft geändert und damit auch die Art der Selbstdarstellung von Politikern und die Wahrnehmung durch das Publikum. In den fünfziger Jahren hat man in Deutschland Zeitung gelesen und ein bisschen Radio gehört; wer Spitzenpolitiker sehen wollte, musste zu Massenveranstaltungen gehen. Als das Fernsehen aufkam, wurden Parlamentsdebatten stundenlang übertragen. Heute gibt es das Internet, man kann twittern, man kann alles Mögliche tun ...

... dass Ihnen das Wort »twittern« über die Lippen geht!

Das habe ich wohl gelesen ... (lacht) Jedenfalls neigen die Medien heute dazu, manches wegzulassen, was eigentlich wichtig ist, und manches zu übertreiben, was nicht so wichtig ist. Sie verführen die Politiker in anderer Weise als früher. Heute setzt sich zum Beispiel kaum ein Politiker mehr wochenlang an den Schreibtisch, um eine große Rede zu der Grundsatzfrage auszuarbeiten, ob man bei Bürgerkriegen in fremden Ländern von außen eingreifen soll und darf. Manch einem Politiker genügt es, an einer Talkshow zu diesem Thema teilzunehmen. Er sagt dort seine Meinung. Das reicht ihm.

Wie wichtig ist es, dass Politiker bei ihren Überzeugungen bleiben, auch wenn der Großteil der Bürger gerade anderer Meinung ist? Ich denke da auch an die Energiewende der jetzigen Bundesregierung nach der Katastrophe von Fukushima.

Wenn ein großer Teil der Bürger oder der sogenannten öffentlichen Meinung gegenteiliger oder auch nur anderer Meinung ist, dann sollte ein Politiker das ernst nehmen. Es sollte ihn zur Überprüfung seiner Auffassung führen. Falls dann jedoch sein Gewissen ihm sagt: Das öffentliche Wohl gebietet dir, bei deiner Meinung zu bleiben – dann hat er keine Wahl, dann muss er seinem Gewissen gehorchen.

Was trifft denn nun bei der Kernkraft zu?

Hier handelt es sich nicht nur um das öffentliche Wohl des eigenen Landes oder der eigenen Nation.

Vielmehr sind wir hinsichtlich unserer Elektrizitätsversorgung aus Kernkraftwerken mit mehreren Nachbarstaaten eng verzahnt, und außerdem haben wir an eigenen Energiequellen nur Braunkohle und Windkraft, jedoch kaum Öl, Gas und Steinkohle. Wir sind energiepolitisch abhängig von der Welt. Diese durchaus risikoreiche Abhängigkeit muss einbezogen werden, wenn wir über das öffentliche Wohl nachdenken. Die im internationalen Vergleich besonders großen Gemütsaufwallungen in Deutschland sind allein noch kein kompetenter Ratgeber für das Gewissen unserer Politiker.

Gilt das Ihrer Meinung nach auch, wenn Parteien und Politiker dadurch ihre Abwahl riskieren?

In jeder Demokratie müssen die Politiker oft genug Kompromisse eingehen, damit eine Mehrheit zustande kommt. Wer jedweden Kompromiss ablehnt, der ist als Demokrat nicht zu gebrauchen. Bisweilen muss ein Demokrat auch Kompromissen zustimmen, die ihm tief missfallen.

Muss er?

Sofern sein Gewissen ihm in einem konkreten Fall die Zustimmung verbietet, so bleibt ihm nur die Möglichkeit zum offenen Dissens. Der Dissens kann ihn zum Rücktritt vom Amt zwingen, er kann ihn die Wahl kosten. Wenn ein Amtsinhaber oder ein Abgeordneter dieses Risiko nicht eingehen will, weil etwa sein Opportunismus stärker ist als sein Gewissen, dann sollte das Wählerpublikum ihn aus diesem Grunde abwählen – wenn es denn jenen Politiker durchschaut.

Haben sich die Erwartungen an Politiker im Vergleich zu Ihrer aktiven Zeit verändert?

Im Prinzip nein. Ein Politiker muss, um unabhängig zu sein, einen Beruf ausgeübt haben, in den er zurückkehren kann. Jemand, der in die Politik geht, ohne einen Beruf zu haben, kann mir gestohlen bleiben. Ich kenne leider mehr als genug von denen! Zweitens muss er sich, wie gesagt, einen geschichtlichen Überblick verschaffen. Drittens muss er sich spezialisieren. Und viertens muss er lernen, dass in einer Demokratie niemand seine Meinung zu hundert Prozent durchsetzen kann.

Das zu vermitteln fällt vielleicht am schwersten!

Ja, aber das ist ein Versäumnis der Medien. Journalisten finden es unerhört, wenn in einer Partei Streit herrscht, sie stürzen sich darauf und machen sich darüber lustig. Tatsächlich ist Streit in einer Demokratie aber unerlässlich. Und ebenso unerlässlich ist es, dass der Streit schließlich in einen Kompromiss mündet. Das ist nichts Anrüchiges, sondern eine Tugend.

Braucht ein erfolgreicher Politiker nicht auch eine gewisse Aggressivität?

Nicht unbedingt Aggressivität, aber wenn er auf polemische Weise attackiert wird, muss er sich so verteidigen können, dass das Publikum ihn nicht als Verlierer ansieht. Er muss in der Lage sein, im Notfall erfolgreich zu polemisieren.

Sie selbst haben einmal gesagt, Politik sei Kampfsport.

Ich wollte damit nur ausdrücken, dass man in der Politik wie beim Fußball, beim Rugby oder beim Hockey eine Mannschaft braucht und keine Einzelkämpfer. Politik ist kein Jiu-Jitsu, sondern Kampfsport im Sinne des Mannschaftssports.

Gibt es heute weniger Politiker, die einen Draht zu den Bürgern haben und deren Sprache sprechen?

Ich glaube nicht, dass es heute weniger sind. Gerhard Schröder konnte das zum Beispiel recht gut, und Joschka Fischer auch.

Guido Westerwelle ist doch auch ein guter Redner.

Er erreicht aber das Volk nicht.

Oskar Lafontaine?

Ja, der erreicht das Volk, leider, weil das, was er redet, leichtfertiger Opportunismus ist. Doch, solche Politiker gibt es immer wieder. Es hat auch immer erfolgreiche Politiker gegeben, die in Wirklichkeit das breite Volk nicht erreichen konnten. Adenauer zum Beispiel, der zwar kein mitreißender Redner war, wohl aber ein bedeutender Politiker.

Ich habe manchmal den Eindruck, dass die Wähler es heute schwerer haben, weil es ihnen an Identifikationsfiguren und an klaren Alternativen fehlt.

Das sehe ich anders. Die Wähler haben es heute in gewisser Weise leichter als etwa in den fünfziger Jahren. Damals gab es viel mehr Schwarz-Weiß-Entscheidungen. Da sagte Kurt Schumacher: Die Westbindung ist verkehrt. Und Konrad Adenauer widersprach ihm. Für das wählende Publikum war es ganz schwer, zu entscheiden, wer recht hatte. Solche richtungweisenden Entweder-oder-Entscheidungen gibt es kaum noch. Das hängt damit zusammen, dass der Kalte Krieg zu Ende ist. Nachdem die scharfen Gegensätze überwunden sind, kann heute das normale Publikum es leichter verantworten als vor 30 oder 40 Jahren, nicht zur Wahl zu gehen.

In Hamburg haben im Februar nur noch 57 Prozent der Wahlberechtigten ihre Stimme abgegeben, in Sachsen-Anhalt waren es kürzlich 51 Prozent. Ist das für Sie kein Ausdruck von Unzufriedenheit mit den Politikern?

Einige Bürger sind unzufrieden, ja. Aber eine geringe Wahlbeteiligung ist nicht nur Ausdruck von Unzufriedenheit mit der Politik. Vielen kommt die Politik insgesamt nicht mehr so wichtig vor.

Sie scheinen das mit Gelassenheit zu nehmen. Öffnet eine geringe Wahlbeteiligung nicht Tür und Tor für Populisten?

Die Chancen von Populisten hängen zurzeit weniger damit zusammen, dass nicht alle Leute zur Wahl gehen, sie hängen zusammen mit der Angst vieler Leute vor der Überfremdung durch Zuwanderer aus sehr fremden Zivilisationen. Das haben Sie gesehen in Frankreich bei Le Pen, in Belgien, in Holland, in Österreich, auch in Dänemark. Dieser antiislamische Populismus hat große Chancen, völlig unabhängig von der Wahlbeteiligung.

Ist es nur Zufall, dass es in Deutschland glücklicherweise niemanden gibt, der diese Angst bündeln und in eine politische Bewegung überführen kann?

Ich halte die Tatsache, dass wir solche Leute wie Wilders oder Haider in Deutschland bisher nicht haben, eigentlich für ein gutes Zeichen, das spricht für die Deutschen.

Werden Politiker heute strenger beurteilt als zu Ihrer Zeit? Franz Josef Strauß zum Beispiel hat die schlimmsten Affären überstanden.

Dass er die *Spiegel*-Affäre überstanden hat und anschließend wieder Minister wurde, ist auch für die damalige Zeit ungewöhnlich gewesen, keineswegs typisch. Ncin, cs hat auch zu meiner Zeit Fälle gegeben, wo Politiker wegen Affären vor Gericht kamen, verurteilt wurden und die Konsequenzen ziehen mussten. Auf der anderen Seite gab es auch Rücktritte, die überflüssig waren: Brandts Rücktritt nach der Guillaume-Affäre war abwegig, in meinen Augen absolut unverhältnismäßig.

War der Rücktritt von Karl-Theodor zu Guttenberg notwendig?

Ich glaube, dass er sich nach Bekanntwerden des Plagiats sehr ungeschickt verhalten hat. Es war gewiss nicht klug, zunächst nur Fehler einzuräumen und erst ein paar Tage später auf den Doktortitel zu verzichten. Wir haben da einen unvermeidlichen Rücktritt schrittweise erlebt. Aber ich möchte mich eigentlich nicht an diesem Streit pro und kontra Guttenberg beteiligen. Als Verteidigungsminister hat er allzu leichtfertig Dinge entschieden, die er nicht durchdacht hatte.

Vor nicht allzu langer Zeit haben Sie ihn noch als kanzlertauglich bezeichnet, neben Merkel, Steinmeier und Steinbrück.

Ja, wenn er ein paar Jahre in seinem Amt durchgestanden hätte. Er ist ganz zweifellos ein hochbegabter Mann.

Fanden Sie das Echo auf seine Affäre nicht ein wenig übertrieben?

Das ist das Mindeste, was sich dazu sagen lässt!

Gibt es einen Unterschied zwischen politischem Talent und politischem Instinkt?

Das sind zwei verschiedene Dinge, die aber Hand in Hand gehen sollten. Entscheidend für den Erfolg oder Misserfolg eines Politikers ist jedoch vor allem das, was er zustande bringt, was von seiner Arbeit nachbleibt. Eine Wahl zu gewinnen ist das eine. Das andere ist, anschließend vier Jahre lang gefälligst anständig und erfolgreich zu regieren.

20. April 2011

»Ich bin seit mehr als einem halben Jahrhundert ein Grüner«

Über das Entstehen neuer Parteien

Juli 2011. In den Wochen und Monaten nach der Katastrophe im japanischen Atomkraftwerk Fukushima sind die Umfragewerte der Grünen in die Höhe geschnellt. Bei den Landtagswahlen in Baden-Württemberg Ende März hat die Partei 24,2 Prozent erreicht, mehr als die SPD. Seit Mai gibt es in Deutschland erstmals einen grünen Ministerpräsidenten: Winfried Kretschmann steht in Stuttgart an der Spitze einer grün-roten Koalition.

Lieber Herr Schmidt, ich habe den Eindruck, dass Sie nur selten und äußerst ungern über die Grünen reden.

Da täuschen Sie sich. Wenn ich nach ihnen gefragt werde, äußere ich mich auch zu den Grünen. Aber ich käme kaum auf die Idee, von selbst über andere Parteien zu sprechen. Ich rede auch über meine eigene Partei nur selten aus eigener Initiative.

Schmerzt es Sie, dass die Grünen ausgerechnet während Ihrer Regierungszeit groß geworden sind?

Nein, gar nicht. Ich habe immer gewusst, dass das Verhältniswahlrecht in aller Regel dazu führt, dass eine größere Zahl von Parteien ins Parlament einzieht. Es zwingt zur Koalitionsbildung und damit zu Kompromissen, und zum Teil sind diese Kompromisse in der Sache nicht förderlich. Deshalb habe ich vor einem halben Jahrhundert, zur Zeit der ersten Großen Koalition, gemeinsam mit Herbert Wehner und den CDU-Kollegen Rainer Barzel und Paul Lücke dafür plädiert, ein Mehrheitswahlrecht nach angelsächsischem Vorbild einzuführen. Wir sind mit diesem Vorschlag gescheitert, die Fraktionen von CDU/CSU und SPD haben ihn abgelehnt.

Das ist eine sehr politologische Antwort auf meine Frage. Neue Parteien entstehen ja auch in unserem Wahlsystem nicht zwangsläufig, es gibt gesellschaftliche und politische Ursachen. Haben Sie sich nie gefragt, ob Sie als Bundeskanzler nicht einen Anteil daran gehabt haben, dass die Grünen überhaupt entstanden sind?

Nein, die Grünen sind ja erst 1983 das erste Mal in den Bundestag eingezogen, zu meiner Zeit als Bundeskanzler saßen sie nicht im Parlament. Der Ursprung der Partei liegt eigentlich in der 68er-Studentenbewegung; aber die Grünen sind während der sozialliberalen Koalition nicht in den Bundestag gelangt.

Kein Geringerer als Daniel Cohn-Bendit hat einmal erklärt, die Grünen seien praktisch die Kinder Ihrer Politik: Erst der Nato-Doppelbeschluss und Ihr Engagement für die Atomenergie hätten Anfang der achtziger Jahre die Menschen in Massen mobilisiert.

Da ist etwas Richtiges dran, aber es trifft nicht den Kern der Dinge. Tatsächlich ist es so, dass in jeder Demokratie mit Verhältniswahlrecht eine Reihe von neuen Parteien entsteht. Das können Sie in Italien ebenso beobachten wie in Frankreich, Belgien und den Niederlanden, auch in Skandinavien. In Deutschland hat sich dieser Prozess verzögert, weil das Spitzenpersonal der großen politischen Parteien zunächst integrierend gewirkt hat. Denken Sie nur an Konrad Adenauer und Kurt Schumacher, Ernst Reuter und Willy Brandt, an den frühen Ludwig Erhard oder Theodor Heuss.

Könnte man nicht auch sagen: Die Grünen waren Ausdruck neuer sozialer Bewegungen, deren Ideen und Interessen Sie nicht auf dem Schirm hatten?

Dass ich sie nicht auf dem Schirm hatte, ist nicht richtig. Richtig ist, dass es in jeder Gesellschaft alle möglichen Bewegungen gibt. Übrigens: Alle Fragen, die Sie mir jetzt stellen, könnten Sie genauso gut Gerhard Schröder mit Blick auf die Linkspartei stellen. Da sehe ich eine gewisse Parallelität. Aus der Tatsache, dass die Linkspartei Wahlerfolge erzielen konnte, darf man desgleichen nicht einfach schließen, dass die rotgrüne Bundesregierung die postkommunistischen Themen nicht auf dem Schirm gehabt hätte, die sich Gysi und Lafontaine auf die Fahnen geschrieben haben.

Man könnte auch sagen: Die Kanzler Schmidt und Schröder haben weitreichende politische Beschlüsse durchgesetzt, die dazu beigetragen haben, dass zwei neue Parteien entstanden sind, die der SPD heute schwer zusetzen.

Ich kenne das Argument, halte es aber für falsch.

Wäre die Linke etwa auch ohne die Agenda 2010 entstanden?

Wahrscheinlich ja.

Aber sie wäre doch nie so stark geworden!

In den ostdeutschen Bundesländern schon; in den westdeutschen wahrscheinlich nicht. Da hat die künstliche Empörung über die Agenda 2010 den Linken natürlich sehr genützt.

Zurück zu den Grünen: Hatten Sie in den letzten Jahren Ihrer Kanzlerschaft wirklich ein Gefühl dafür, wie stark die ökologische Idee die Menschen bewegt hat?

Was Ökologie angeht, muss ich mir keinerlei Vorwürfe machen; insofern bin ich, unter dem starken Einfluss meiner Frau Loki, seit mehr als einem halben Jahrhundert ein Grüner. Aber es ist eben ein ganz großer Unterschied, ob man idealistische Vorstellungen formuliert oder ob man das tut, was wirklich möglich ist, ohne der Volkswirtschaft unnötig zu schaden. Wir haben die von Adenauer bis Brandt ins Werk gesetzte Energiepolitik fortgesetzt: einerseits Kohle, andererseits Braunkohle, drittens Kernkraftwerke – in der Vorstellung, dass man erst später wissen kann und entscheiden muss, ob die eine oder die andere Art der Energieerzeugung Vorrang haben sollte vor den anderen Arten oder ob die eine oder andere, wie es heute scheint, endgültig ausgeschieden werden muss. Ich habe zum Beispiel zu meiner Regierungszeit durch den sogenannten Jahrhundertvertrag dafür gesorgt, dass die deutsche Kohleerzeugung nicht etwa aus unternehmerischen Gründen auf null gefahren wurde, sondern dass die Kohleerzeugung aufrechterhalten wurde.

Auch wenn Sie die Kraft der ökologischen Idee erkannt haben – die Kraft der grünen Bewegung haben Sie doch unterschätzt. 1982 haben Sie in einem Interview gesagt: »Ich glaube nicht, dass die Grünen auf Dauer existenzfähig sein werden. Diese Bewegung ist völlig unpolitisch, sogar politisch naiv.«

Man muss sich heute klarmachen, dass die Grünen damals keineswegs nur eine ökologische und pazifistische Bewegung waren, sondern mindestens genauso starke kommunistische und anarchistische Wurzeln hatten. Diese beiden Wurzeln waren in den siebziger Jahren ganz deutlich zu erkennen. Cohn-Bendit haben Sie ja eben selbst erwähnt ...

... heute ein Realpolitiker vor dem Herrn!

Ja, der hat sich gewaltig gewandelt, ebenso wie Herr Trittin, der auch als Kommunist angefangen hat. Die Grünen sind im Laufe der Jahrzehnte erwachsen geworden. Das beste Beispiel dafür ist Joschka Fischer, der in Turnschuhen erschien, um seinen Eid als hessischer Landesminister abzulegen. Er wollte provozieren. Das war alles. Er war nicht für Ökologie, er war gegen das System. Inzwischen ist er erwachsen, seine heutigen Reden und Aufsätze haben staatsmännisches Format. Das kann man akzeptieren. Aber was er damals gemacht hat, musste man nicht ganz ernst nehmen.

Sie haben über den Außenminister Fischer immer ein bisschen gespöttelt, als eine Art Wiedergeburt von Gustav Stresemann.

Gespöttelt, das ist richtig. Ich habe ihm sehr übel genommen, dass er die deutsche Beteiligung an der vom Sicherheitsrat der UN nicht genehmigten militärischen Intervention auf dem Balkan mit dem Hinweis auf den millionenfachen Mord an den europäischen Juden in Auschwitz begründet hat. Der Vergleich war absolut unangemessen.

Hat es Sie etwas versöhnt, dass Fischer dem amerikanischen Verteidigungsminister Rumsfeld die Stirn geboten hat, als es um die Irak-Intervention ging?

Ja, das war ganz vernünftig. Aber man muss keine Versöhnungsfeier veranstalten, nur weil jemand etwas

Vernünftiges gesagt hat. Donald Rumsfeld hatte eine absolut abwegige Vorstellung von Europa. Er war auf einem Auge blind, und das andere Auge guckte auch nicht ganz geradeaus.

Sie haben gerade an die frühen Provokationen der Grünen erinnert: Wie haben Sie die neuen Abgeordneten damals erlebt?

An die Einzelheiten kann ich mich nicht mehr erinnern. Aber der Wille zur Provokation war eindeutig. Trotzdem habe ich gelegentlich mit Grünen geredet, zumeist bei kirchlichen Veranstaltungen.

Können Sie sich an einen Politiker der Grünen erinnern, mit dem Sie gesprochen haben?

Antje Vollmer ist mir da in besonderer Erinnerung geblieben – ich weiß gar nicht, ob sie heute noch zu den Grünen gehört.

Ja, aber sie ist nicht mehr besonders aktiv. Erhard Eppler, Ihr Genosse bei der SPD, war übrigens schon Anfang der Achtziger für eine Zusammenarbeit mit den Grünen. Warum waren Sie dagegen?

Das ist alles lange her, ich weiß das nicht mehr so genau. Aber ich weiß noch sehr gut, dass Erhard Eppler sich immer für die Öffnung der SPD nach links ausgesprochen hat. Er selbst war in seinem Bundesland nie sonderlich erfolgreich, aber er wollte uns beibringen, wie man Wahlen gewinnt.

Gab es auch Momente, in denen Sie sich mit Eppler verstanden haben?

Ja, in den sechziger Jahren. Ich war Fraktionsvorsitzender, er war Fachmann für Steuerfragen. Es ging damals zum Beispiel um die Einführung der Mehrwertsteuer. Ich erkannte seine Begabung und seine Fähigkeiten und habe ihm gesagt, er solle sich in Zukunft lieber um die Außenpolitik kümmern, weil die Steuergeschichte ein vorübergehendes Problem sei. Intellektuelle Fähigkeiten und Potenzial waren eindeutig erkennbar.

Haben Sie solche Vor- und Querdenker genervt?

Nee, die haben mich gar nicht genervt. Es gab einen anderen Querdenker, Jochen Steffen, der hat mich jeden Sommer einen halben Tag lang am Brahmsee besucht. Ich habe ihn sehr gemocht, aber seine politischen Vorstellungen waren in meinen Augen verrückt, nicht zum Vorteil des deutschen Volkes. Das hat mich aber nicht daran gehindert, mich jedes Jahr wieder mit ihm zu treffen. Politische Meinungsverschiedenheiten dürfen persönlichen Beziehungen nicht im Weg stehen. Das gilt nicht nur für Leute in der eigenen Partei. Ich habe immer auch Freunde in der CDU gehabt, auch in der CSU.

Aber sind Ihnen die Grünen nicht bis heute extrem wesensfremd geblieben?

Nein, das geht mir zu weit. Was mir seinerzeit besonders negativ aufgefallen ist, war die Gleichgültigkeit vieler Grüner gegenüber der Funktionstüchtigkeit der eigenen Stadt, des eigenen Staates, der eigenen Unternehmen, der eigenen Volkswirtschaft. Diese Gleichgültigkeit existiert zum Teil heute noch. Die Grünen haben ökonomische Probleme immer so behandelt, als ob es sich um eine Nebensache handele. Die alte Erkenntnis von Karl Marx, dass das ökonomische Sein das Bewusstsein bestimme, haben sie anscheinend nicht wirklich verstanden; jedenfalls haben sie sich nicht danach gerichtet. Sie haben es für selbstverständlich gehalten, dass der Staat und die Ökonomie funktionieren.

Hätten Sie sich jemals vorstellen können, dass ein Grüner Ministerpräsident von Baden-Württemberg wird?

Das habe ich mir vorstellen können, und ich finde das Experiment, das dort veranstaltet wird, außerordentlich interessant. Vermutlich wird es auch sehr lehrreich für die Grünen sein, denn jetzt müssen sie sich, zum Beispiel im Fall Stuttgart 21, mit ökonomischen und zivilrechtlichen Tatsachen auseinandersetzen.

Sie konnten sich im Ernst auch vorstellen, dass die SPD einmal Juniorpartner in einer grün-roten Koalition werden würde?

Für Baden-Württemberg hätte ich mir das vorstellen können, ja. Für Hamburg nicht. Das Vertrauen in die Kontinuität der politischen Vorstellungen der Menschen in Baden-Württemberg ist bei mir schon zu Zeiten des Ministerpräsidenten Filbinger schwer beeinträchtigt worden.

Aber der Erfolg von Winfried Kretschmann hatte nicht nur mit regionalen Gegebenheiten zu tun ...

Das stimmt. Politische Prozesse brauchen auch Auslöser, Zufallsauslöser, wie zum Beispiel Fukushima. Und sie brauchen Führungspersonen. Beides war in Baden-Württemberg gegeben.

Was soll die altehrwürdige Sozialdemokratie tun, damit sie nicht zwischen Linkspartei und Grünen aufgerieben wird?

Das ist eine Frage, die ich nicht aus dem Handgelenk beantworten möchte. Darüber müsste man ein ganzes Buch schreiben.

Vielleicht fällt es Ihnen leichter, zu sagen, was die SPD in der aktuellen Situation auf keinen Fall tun darf.

Sie darf sich auf keinen Fall dem tagespolitischen Opportunismus hingeben.

Hätte die CDU den eingeschlagenen atompolitischen Kurs nach Fukushima einfach fortsetzen können?

Die deutsche Position zur Kernenergie hätte nicht ohne Rücksicht auf die europäischen Nachbarn verändert werden dürfen. Das war in meinen Augen ein schwerer Fehler, der das Vertrauen unserer Nachbarn in die deutschen Politiker ganz erheblich beeinträchtigt hat.

Aber es kann doch durchaus Fälle geben, in denen Politiker schnell eine Entscheidung treffen müssen.

Ja, dann sind sie auf ihren Instinkt und ihre Erfahrung angewiesen. Aber für deutsche Politiker war Fukushima kein solcher Fall. Es war absolut nicht notwendig, von heute auf morgen das Gegenteil von dem zu beschließen, was noch 14 Tage zuvor gegolten hatte.

28. Juli 2011

»Intelligente, aber einäugige Idioten«

Über Spekulanten, die Staatsverschuldung und eine Rettung Griechenlands

Lieber Herr Schmidt, seit Monaten berichten die Medien unaufhörlich über die Turbulenzen auf den Finanzmärkten. Aber so viel die Leute auch lesen und hören, in einem Punkt werden sie nicht schlauer: Wäre die Pleite Griechenlands nun eigentlich ein Desaster für die Europäische Union oder nicht? Können Sie uns aufklären?

Die ökonomische Bedeutung des griechischen Staates und seiner Volkswirtschaft kann man ermessen, wenn man sich klarmacht, dass das griechische Sozialprodukt etwa 2,5 Prozent des Sozialprodukts der Europäischen Union ausmacht ...

... das Land hat ungefähr die Wirtschaftskraft von Hessen.

Wenn dieser Staat vorübergehend zahlungsunfähig würde, dann wäre das für die Griechen und für alle anderen Europäer ein großes Unglück, aber kein existenziell gefährdendes Unglück. Das gilt sowohl für die wirtschaftlichen als auch die politischen Folgen eines solchen Bankrotts. Die politischen Folgen würden möglicherweise noch schwerer wiegen, denn es könnte der Eindruck entstehen, dass es um die Solidarität unter den Europäern noch viel schlechter bestellt ist, als wir uns das in den letzten Jahren vorgestellt haben. Das Vertrauen in die Gemeinschaft der 27 Mitglieder würde weiter schwinden. Dieser politische Preis wäre zu hoch. Deshalb müssen die Staaten der Europäischen Union Griechenland helfen.

Aber ist nicht der politische Preis für alle beteiligten Regierungen mindestens genauso hoch, wenn sie ihren Bürgern immer wieder erklären müssen, dass Griechenland ein Fass ohne Boden ist? Es gehört doch auch zu den vornehmsten Aufgaben von Politikern, Schaden vom eigenen Land abzuwenden!

Die Griechen sind die älteste Kulturnation Europas. Heute benötigen sie einen durchgreifenden Gesundungsplan, der sich nicht nur auf finanzielle Hilfen beschränken darf. Diesen Plan gibt es noch nicht, er muss erst noch zusammengebaut werden. Im Übrigen halte ich die Abwägung zwischen nationalen Interessen und Unionsinteressen für irreführend; denn die Unionsinteressen sind zugleich nationale Interessen der Deutschen, ganz sicherlich ebenso nationale Interessen der Franzosen, der Holländer, der Polen und vieler anderer europäischer Nationen.

Aber was tun, wenn die Griechen ihre Hausaufgaben nicht machen?

Die bisherigen Ermahnungen, Ratschläge und herablassenden Belehrungen seitens anderer Mitglieder der Europäischen Union haben in Griechenland eine Depression ausgelöst. Ich scheue mich deshalb, den Griechen vorzuwerfen, dass sie nicht ganz so viel gespart haben, wie alle anderen fordern. Denn die Sparerei ist eine der Ursachen für die Depression. Sicher ist jedenfalls, dass die Griechen, egal, wie es jetzt weitergeht, vor einer Reihe bitterer Jahre stehen.

Kann man da nicht sagen: selber schuld?

Wissen Sie, ich will das einmal mit der deutschen Situation nach dem Ende des Zweiten Weltkrieges vergleichen. Natürlich hätten die Amerikaner oder Franzosen damals sagen können: Die Deutschen haben selber Schuld, lass sie doch verkommen in ihrem Elend! Das haben sie aber nicht getan. Stattdessen haben die Amerikaner den Marshallplan erfunden, die Franzosen haben uns 1950 mit ihrem Schuman-Plan die Hand entgegengestreckt. Im Verhältnis zur damaligen Lage Deutschlands und zur Hilfsbereitschaft dieser Länder, die wenige Jahre zuvor noch unsere Kriegsfeinde gewesen waren, ist das gegenwärtige griechische Problem ein geringfügiges - und der Teufel soll die europäischen Regierungschefs holen, wenn sie es nicht fertigbrächten, Griechenland zu retten!

Eine höhere Staatsverschuldung in Deutschland würden Sie dafür in Kauf nehmen?

Ich bin nicht der Meinung, dass man Griechenland allein mit Zahlungen retten kann. Und übrigens: Bisher ist noch kein einziger Euro eines deutschen Steuerzahlers nach Griechenland überwiesen worden, das muss man auch mal deutlich sagen.

Es wurden Bürgschaften zugesagt.

Die ganze Aufregung bezieht sich auf die Zukunft. Bisher ist noch nichts gezahlt worden. Ja, es geht um Bürgschaften. Und die werden, wie alles Geld, im Laufe der Zeit etwas an Wert verlieren.

Trotzdem bleibt doch eine ganz erhebliche Belastung.

Ja, das stimmt. Aber erhebliche Belastungen hat es auch früher schon gegeben. Immerhin hat Deutschland noch im Jahre 2010 die letzten Zahlungen aufgrund des Londoner Schuldenabkommens von 1953 geleistet. Und immerhin stammten die damaligen deutschen Schulden noch aus der Zeit zwischen den beiden Weltkriegen!

Was kein Mensch mehr weiß.

Aber es ist so.

Teilen Sie denn die Sorge vieler Ökonomen, dass die Staatsverschuldung unser Grundproblem ist – auch weil sie Spekulationen auslöst?

Die Staatsverschuldung ist ein Problem unter mehreren. Aber ein viel dickeres Problem ist die uferlose Handlungsfreiheit auf den globalen Finanzmärkten.

Spekulanten können ihre Hebel aber nur dann ansetzen, wenn ein Staat ihnen wegen seiner hohen Schulden eine Angriffsfläche bietet.

Im Jahr 2008 musste Lehman Brothers Insolvenz anmelden. Damals ging es überhaupt nicht um Staatsverschuldung, sondern um eine große Zahl von Finanzinstituten, die reihenweise von ihren Staaten gerettet werden mussten. Auf den sogenannten Finanzmärkten tummeln sich intelligente, aber einäugige Idioten. Sie sind blind auf dem Auge, welches das Gemeinwohl im Blick haben sollte, und mit dem anderen Auge schielen sie auf ihre eigene Bonifikation. Sie haben kein Verantwortungsbewusstsein und gehören deshalb unter viel straffere Aufsicht. Dieser Meinung bin ich seit zweieinhalb Jahrzehnten.

Eine strengere Beaufsichtigung der Finanzmärkte löst aber nicht das Problem der Staatsverschuldung.

Das ist richtig. Aber strenge Regulierung löst das Problem der psychotischen Reaktionen auf den globalen Finanzmärkten, die aus zigtausend Devisen- und Wertpapierhändlern bestehen. Dabei wissen die Vorstände der Banken oft gar nicht, was ihre Händler gerade machen.

Glauben Sie wirklich, dass man die Finanzmärkte zügeln kann?

Man kann sie zügeln. Dazu gehört aber ein fester Wille, jedenfalls ein fester Wille derjenigen Regierungen, die sich zur gemeinsamen Euro-Währung zusammengeschlossen haben.

Können Sie diesen Willen erkennen?

Zurzeit leider nicht. Aber es ist nicht undenkbar, dass er entsteht. Und es wäre gut, wenn er entstünde.

Viele Deutsche haben im Moment Angst um ihre Ersparnisse. Können Sie das nachvollziehen?

Wenn es Deutsche gibt, die Angst haben, dann ist ihnen die Angst gemacht worden. Zum Beispiel durch dicke Überschriften im *Spiegel* oder in der *BILD*-Zeitung. Der deutsche Journalismus hat sich, leider Gottes, nicht verändert. Dabei wurde die Bankenkrise des Jahres 2008 noch sehr vernünftig, nämlich zurückhaltend kommentiert. Aber das ist vorbei. Jetzt machen fast alle in Angst - selbst in der *Süddeutschen Zeitung* habe ich schon gelesen, dass wir es mit einer Euro-Krise zu tun hätten. Aber das stimmt nicht. Wir haben es mit einer Krise der europäischen Institutionen zu tun.

Sie halten die Angst vor einer Währungsreform also für ein Gespenst?

Für absolut dummes Zeug.

Sie haben ja, vom Euro mal abgesehen, zwei solche Reformen miterlebt: die Einführung der Rentenmark 1923 und die Einführung der D-Mark 1948.

In beiden Fällen war aber eine sagenhafte Inflation vorausgegangen, und es gab eine uferlose Verschuldung des deutschen Staates. Das liegt heute beides nicht vor. Es ist nicht der deutsche Staat, der sich zu hoch verschuldet hat, nicht der französische und auch nicht die Europäische Union insgesamt, sondern es ist das relativ kleine Griechenland. Möglicherweise auch das noch kleinere Portugal.

Das etwas größere Italien hat auch eine stolze Verschuldung.

Man muss bei Schulden immer gucken, wer die Gläubiger sind. Im Falle Griechenlands gibt es viele ausländische Gläubiger. Société Générale, Hypo Real Estate in München, das sind wohl die größten unter den betroffenen Gläubigern. In Italien dagegen sind es im Wesentlichen nationale Banken, das ist eine ganz andere Kanne Bier. Deswegen kann man die italienische Verschuldung nicht mit der griechischen vergleichen. Wobei man auch sagen muss, dass die Regierung Berlusconi sicherlich nicht besser ist als die griechische.

Den beiden Währungsreformen in den zwanziger und vierziger Jahren war jeweils ein Weltkrieg vorausgegangen.

Ja, aber die Deutschen hätten auch dann eine Währungsreform gebraucht, wenn sie den Krieg gewonnen hätten. Man muss auch sagen, dass die zweite deutsche Währungsreform, die Einführung der D-Mark, nicht von Deutschen erfunden worden ist, sondern im Wesentlichen von Amerikanern. Sie hat sich als großer Glücksfall erwiesen, weil sie nämlich mit den Segnungen des Marshallplans zusammentraf. Ohne diesen Plan wäre die Währungsreform nicht so glücklich verlaufen, die Preise wären sofort wieder gestiegen. Weil aber gleichzeitig Bananen und Apfelsinen ins Land kamen und man für das neue Geld etwas kaufen konnte, das es vorher nicht gegeben hatte, wurde die Währungsreform schnell zum Erfolg.

Für Griechenland wäre sie allerdings eine Katastrophe?

Griechenland braucht keine Apfelsinen und keine Bananen, Griechenland braucht Investitionen! Es muss Unternehmer geben, die das Risiko auf sich nehmen, in dem Land zu investieren. Das werden sie nur tun, wenn es in Griechenland eine verlässliche Wirtschaftspolitik gibt. Wenn ich einen europäischen Marshallplan für Griechenland fordere, meine ich nicht Geld, sondern konkrete Projekte.

Hatten Sie ein emotionales Verhältnis zur D-Mark?

Nein, insbesondere auch kein emotionales Verhältnis zur Deutschen Bundesbank. Es hat mir manchmal missfallen, dass sie ihre Verantwortung für die gesamtwirtschaftliche Entwicklung, anders als die amerikanische Zentralbank, relativ kleingeschrieben hat. Die Bundesbank fühlte sich meistens nur für die Stabilität der Kaufkraft der D-Mark verantwortlich, nicht aber zum Beispiel für die Bekämpfung der Arbeitslosigkeit.

Viele Bürger haben aber die D-Mark sehr geschätzt.

Die Westdeutschen haben die Wertschätzung für ihre Währung eigentlich erst im Laufe der neunziger Jahre entdeckt. Vorher war die D-Mark nicht Gegenstand emotionaler Zuneigung, sondern sie war selbstverständlich. Erst als man den Menschen erzählte, der Euro sei ein Teuro, fingen sie an, darüber nachzudenken. Von da an liebten manche plötzlich die D-Mark. Viele Hausfrauen haben geglaubt, jetzt wird alles teurer. Und es stimmt sogar, dass damals eine Reihe von Lebensmitteln teurer geworden ist. Insgesamt aber war die Inflationsrate im Euro-Raum in den zehn Jahren seit Einführung des Euro niedriger als die Inflationsrate in Deutschland in den letzten zehn Jahren der D-Mark. Die Hausfrauen hatten unrecht. Tatsächlich haben Jean-Claude Trichet und die Europäische Zentralbank den Euro nach innen und nach außen stabiler gehalten als die Amerikaner ihren Dollar oder die Chinesen ihren Yuan.

Sie wirken so gelassen – EU-Ländern droht jedoch der Bankrott, und ernst zu nehmende Ökonomen warnen vor einer Weltrezession!

Ja, es liegt nicht in meiner Natur, Angst zu haben.

Glauben Sie, dass es zu einer Weltrezession kommt?

Nein. Ich halte eine Weltrezession für möglich, aber ich halte sie auch für abwendbar.

Wie könnte sie abgewendet werden?

Zum Beispiel durch vernünftiges Handeln der Institutionen der Europäischen Union. Und durch eine Rückkehr der Republikanischen Partei der Vereinigten Staaten von Amerika zur ökonomischen Vernunft. Ich gehe davon aus, dass die Republikaner sich spätestens in zwei Jahren von ihrer gegenwärtigen Haltung abkehren werden. Und dann muss eine Weltrezession nicht eintreten. Es könnte übrigens nicht nur zu einer Weltrezession kommen, sondern sogar zu einer Weltdepression, wenn etwa einige Regierungen größerer Staaten größere Dummheiten begehen würden. Dergleichen würde ich nicht völlig ausschließen.

Das ist auch nichts, worauf man sich freuen könnte.

Das ist etwas, was man mit großer Besorgnis als entfernte Möglichkeit im Hinterkopf haben muss.

Herr Schmidt, Sie haben mir einmal verraten, dass Sie einen ganz kleinen Teil Ihres Vermögens in Ak-

tien angelegt haben. Haben Sie jetzt in der Krise verkauft?

Nein, ich habe mich noch nie darum gekümmert, was gekauft oder verkauft wurde.

Sie vertrauen also Ihrer Bank?

Nur in Maßen. Aber ich vertraue dem Mann bei der Bank. Das ist ein wichtiger Unterschied!

6. Oktober 2011

»Eine Alleinregierung ist die ganz große Ausnahme«

Über Koalitionsverhandlungen

November 2011. Die SPD hat die Wahlen zum Berliner Abgeordnetenhaus gewonnen und ist auf der Suche nach einem Koalitionspartner. Die Verhandlungen mit den Grünen sind schon in der ersten Runde an unterschiedlichen Auffassungen zum Ausbau der Stadtautobahn gescheitert. Nun ist der Weg frei für eine Große Koalition.

Lieber Herr Schmidt, als Sie selbst noch Kanzler waren, sollen Sie einmal bei Koalitionsverhandlungen ausgerufen haben: »Ich möchte sterben!« Können Sie sich daran erinnern?

Nein. Aber das kann ich nicht ernst gemeint haben.

Doch. Es war das Jahr 1976, Sie verhandelten damals mit der FDP, und Sie hatten eine Rentenerhöhung um zehn Prozent versprochen. Als sich herausstellte, dass die Zahlen des Arbeitsministeriums nicht stimmten und Ihr Versprechen nicht zu hal-

ten war, machte das berühmte Wort vom »Rentenbetrug« die Runde. In diesem Zusammenhang fiel angeblich dieser Satz.

Wenn ich das gesagt hätte, dann wäre es sicherlich Ausdruck meiner tiefen Verärgerung gewesen. Die Berechnungen des Arbeitsministeriums waren übrigens deswegen fehlerhaft, weil die ihnen zugrunde liegenden ökonomischen Prognosen falsch waren. Es ging um die Einschätzung der weltwirtschaftlichen Folgen der Ölpreiskrise.

Arbeitsminister Walter Arendt musste deshalb seinen Hut nehmen.

Er musste nicht, er wollte. Ich wollte ihn halten. Er fühlte sich von all diesen Vorwürfen getroffen. Ich fühlte mich auch getroffen, aber ich sah keinen Grund, dass deswegen der Arbeitsminister gehen sollte. Die ökonomischen Prognosen stammten ja nicht von ihm. Ich hielt von Walter Arendt sehr viel. Von der Mentalität her war er der gewählte Vorsitzende der Betriebsgewerkschaft des deutschen Steinkohlebergbaus.

Die Verhandlungen zwischen SPD und FDP zogen sich über viele Wochen hin – was Sie nicht davon abhielt, zwischendurch in die Schweiz zu fahren, um sich von Oskar Kokoschka porträtieren zu lassen. Standen Sie gar nicht unter Zeitdruck?

Nein, weil absolut sicher war, dass die Koalition fortgesetzt werden sollte.

Welche Erfahrungen haben Sie mit Koalitionsgesprächen gemacht?

Ich erinnere mich vor allem an zwei Verhandlungsrunden: Die eine fand 1966 statt, als wir die Große Koalition mit der CDU/CSU begründeten, die andere 1969, als es um die Begründung der ersten sozialliberalen Koalition ging. In beiden Fällen hat man den Fehler vermieden, dass jede Seite vorher ellenlange Papiere mit allen möglichen Details aufschrieb, wie es heute leider üblich ist. Und hinterher ein zweites Mal gemeinsam.

Warum ist das bedauerlich?

Wenn man etwas aufgeschrieben und es vielleicht sogar durch einen Fraktionsbeschluss erhärtet hat, dann muss man hinterher darum kämpfen, dass möglichst viel davon auch umgesetzt wird. Bei uns wurden die Ergebnisse der Verhandlungen zwar schriftlich festgehalten, aber nicht veröffentlicht. Heute ist das anders; die jetzige schwarz-gelbe Bundesregierung hat zum Beispiel ein Riesenkoalitionspapier publiziert! Das ist Unsinn. Denn schon nach einem halben Jahr stellt sich heraus, dass dieses Problem falsch gesehen wurde und jenes Problem längst viel wichtiger geworden ist.

Bei den Verhandlungen von 1969 waren die Koalitionäre so entspannt, dass sie in einer Pause sogar Fußball gespielt haben.

Das weiß ich nicht mehr.

Konnten Sie früher Fußball spielen?

Ja - als Junge.

Auf welcher Position?

Ich glaube, damals hatte man fünf Stürmer, drei Läufer, zwei Verteidiger und einen Tormann, und ich war einer von den Stürmern.

Interessantes Spielsystem ...

So war es auch im Feldhandball: fünf Stürmer, drei Läufer und zwei Verteidiger.

Sie waren natürlich auch da ein Stürmer?

Ja, weil ich laufen konnte.

Weit weniger lustig waren die Koalitionsverhandlungen 1972. Willy Brandt lag im Krankenhaus, Herbert Wehner und Sie führten die Gespräche. Haben Sie sich da immer eng mit Brandt abgestimmt?

Nein. Brandt hatte eine tiefe Depression. Er hatte einen wunderbaren Wahlsieg errungen, aber anschließend zog er sich zurück und war nicht zu sprechen. Und er bat Wehner und mich, die neue Regierung zusammenzustellen. Das schloss die Koalitionsabsprachen ein.

War das ganz offiziell eine Depression? Damals hieß es nur, Brandt habe sich einer Stimmbandoperation unterziehen müssen.

Willy Brandt hatte wiederkehrende Depressionen. Das wurde absolut verheimlicht, ist noch viele Jahre lang verheimlicht worden.

Wussten Sie, dass er depressiv war?

Ich habe den Ausdruck »depressiv« damals vielleicht nicht geläufig zur Hand gehabt, aber ich wusste das, ja.

Es gab also gar keine Abstimmung mit dem Kanzler?

Horst Ehmke konnte die Schutzmauer um Brandt manchmal durchbrechen. Er ging dann zu ihm und sagte: »Willy, wir müssen regieren!« Auf der anderen Seite hat Ehmke als Chef des Kanzleramtes mitunter etwas par ordre de mufti verkündet, von dem der Mufti gar nichts wusste.

Er hat also sozusagen Brandts Stelle eingenommen?

Ja. Deshalb wollten Wehner und ich Horst Ehmke im Kanzleramt durch jemand anderen ersetzen; Ehmke sollte ein anderes Ressort bekommen. Die FDP war damit einverstanden, ebenso wie Brandt. Der hat sich zwar irgendwann später mokiert, das Kabinett hätten ja Wehner und Schmidt gemacht, aber in Wirklichkeit hat er es so akzeptiert, wie wir ihm das vorgeschlagen haben.

Laut *FAZ* musste Brandt in dieser schwierigen Phase 1972 »schweigend erdulden, dass der Fraktionsvorsitzende Wehner und Minister Schmidt hinter seinem

Rücken Dinge nach ihren Wünschen richteten und beispielsweise dafür sorgten, dass der Chef des Kanzleramts, Horst Ehmke, abgelöst wurde«.

»Hinter seinem Rücken« ist Unfug. Wir haben Brandt das Tableau vorgelegt, und er hat es akzeptiert. Wenn er Nein gesagt hätte, hätte es dieses Kabinett so nicht gegeben, denn Brandt war der Kanzler.

Klaus Harpprecht, Brandts ehemaliger Redenschreiber und Berater, hat in seinen Tagebüchern über diese Zeit notiert: »WB denkt laut nach. Nach dem November 1972, der großen Wahl, habe es einen Bruch gegeben. Aus seiner Sicht erst damals. Seine Krankheit, die Stimmbänderoperation – als ihn die Ärzte, wie er sagt, fast umgebracht hätten –, die Koalitionsverhandlungen, die ohne ihn geführt werden mussten, er deutete etwas an von einem Papier, das in Herbert Wehners Tasche war.« Wussten Sie von diesem Papier?

Nein. Ich habe irgendwann später in der Presse gelesen, dass der Willy dem Wehner ein Papier gegeben habe mit der Bitte, es auch mir zu geben, was Wehner dann angeblich vergessen hat. Ich weiß nicht, ob es dieses Papier tatsächlich gab; ich weiß nur, dass Wehner und ich in allen Personalfragen übereinstimmten.

Wurde in dieser Zeit tatsächlich der Keim der Zwietracht zwischen Willy Brandt und Ihnen ausgesät?

Der war schon vorher ausgesät worden, während der Notstandsdebatte 1967/68, ich war damals Fraktionsvorsitzender. Unsere Minister im Kabinett Kiesinger, also Brandt, Wehner, Heinemann, Schiller und so weiter, hatten die Notstandsgesetze mitbeschlossen, wollten sie aber aus Angst vor dem Freund nicht vor der eigenen Fraktion verteidigen. Das haben sie mir überlassen, und das fand ich unerhört.

Sie mussten den Buhmann spielen?

Ja, das hat meine Begeisterung für Willy Brandt erheblich abkühlen lassen.

War das Klima frostig, als Brandt Ende 1972 aus dem Krankenhaus zurückkehrte?

Nicht frostig, aber ein bisschen kühler als Mitte der sechziger Jahre. Da hatte er mich bei der Bildung der Großen Koalition um Rat gefragt.

Wird das Regieren für eine große Partei einfacher, wenn sie einen Koalitionspartner hat? Oder ist eine Alleinregierung effizienter?

Eine Alleinregierung ist bei einem Vierparteienparlament die ganz große Ausnahme.

Adenauer hätte 1957 allein regieren können. Er hat aber darauf verzichtet und die Deutsche Partei mit ins Boot geholt.

Ja, weil er klug war und wusste, dass das eine Ausnahme war.

Worauf kommt es in Koalitionsgesprächen am meisten an – auf Sachfragen, Personalfragen oder darauf, dass die Verhandlungspartner sich gut verstehen?

Ich habe immer sehr viel Rücksicht auf die Gefühle des Koalitionspartners genommen. Und ich habe Außenminister Genscher natürlich nicht seine wichtigen Aufgaben weggenommen, sondern sie bei ihm belassen. Außerdem hatte ich Freunde in der Freien Demokratischen Partei. Hildegard Hamm-Brücher zum Beispiel, Wolfgang Mischnick und Josef Ertl. Den habe ich in Kabinettssitzungen immer als »Bruder Josef« angeredet, und er hat mich »Bruder Helmut« genannt. Ertl war ein sehr eigenwilliger Vertreter landwirtschaftlicher Interessen, aber ein zuverlässiger Mensch. Menschliche Zuverlässigkeit, das ist eine meiner Lebenserfahrungen, ist in der Politik mindestens genauso wichtig wie das fachliche Können.

Zu Otto Graf Lambsdorff hatten Sie kein so gutes Verhältnis ...

Das ist richtig. Der war ganz konservativ.

Sie haben einmal gesagt, er sei der eigentliche Grund für den Bruch der sozialliberalen Koalition gewesen.

Ja, er wollte den Bruch. Wir waren als Politiker sehr gegensätzlich: In seinem Amtszimmer hing ein Porträt von Bismarck, in meinem eins von Bebel. Lambsdorff verachtete die Linksdemokraten; er hätte eigentlich in die Hugenbergsche Deutschnationale Volkspartei der Weimarer Zeit gepasst. Erst sehr viel später, nach seiner Ministertätigkeit, hat er sich zu einem echten Liberalen durchgemendelt.

Genscher hat noch vor Kurzem gesagt, er habe Sie immer als sehr fairen Partner empfunden.

Das nehme ich an, dass er das so sieht.

Ging Ihnen das mit ihm genauso?

Ja. Mit einer Ausnahme. 1980 hatte die FDP noch mit meinem Namen auf ihren Plakaten Wahlkampf gemacht. Nach der Wahl fing Genscher dann aber an, öffentlich über die Notwendigkeit einer Wende zu reden - wobei unklar blieb, was damit eigentlich gemeint war. Er stand allerdings die ganze Zeit unter dem Druck von Lambsdorff.

Als die Grünen 1985 in Hessen erstmals vor einer Regierungsbeteiligung standen, forderten sie öffentliche Koalitionsverhandlungen. War das eine gute demokratische Idee?

Dummes Zeug.

Warum?

Die Grünen waren ganz neu, hatten weder Verwaltungs- noch Regierungserfahrung. Was sie hatten, war eine Vielfalt von politischen Inhalten. Zum Teil ging es um Naturschutz, zum Teil um den Frieden, zum Teil um kommunistische Ideale. Wer in den achtziger Jahren mit ihnen verhandeln musste, hatte es nicht mit einem klaren Profil zu tun. Ich musste niemals mit ihnen verhandeln.

Ihr Freund Holger Börner schon.

Ich weiß nicht, wie dem zumute war. Aber die Idee, Koalitionsgespräche öffentlich zu führen, ist absurd. Stellen Sie sich vor, Sie fangen mit einem Kollegen von einer anderen Fraktion an zu reden; und dann wird es plötzlich ernst, und Sie überlegen, ob Sie sich als Koalition zusammentun. Und Sie machen das alles vor den Augen der Öffentlichkeit! Das ist eine Schnapsidee.

Jetzt hat sich die Piratenpartei die Forderung nach größtmöglicher Transparenz auf die Fahnen geschrieben. Kann man diese Gruppierung mit den frühen Grünen vergleichen?

Ja. Die Piraten sind in derselben Lage wie die Grünen in den achtziger Jahren.

Haben Sie ein klares Bild von den Piraten?

Nein. Es ist eine heterogene Gruppierung, die bislang nur in Berlin richtig in Erscheinung getreten ist.

Man muss in jeder Demokratie immer damit rechnen, dass links oder rechts neue Parteien entstehen.

Aber doch nur dann, wenn die etablierten Parteien ein bestimmtes Spektrum nicht mehr abdecken.

Das würde ich nicht so eindimensional sehen. Es kann viele Anlässe dafür geben, eine neue Partei zu gründen. Wenn die sogenannten etablierten Parteien an Vitalität verlieren oder wenn sie Fehler gemacht haben, wenn es Skandale gibt, die eine Partei in Verruf bringen - auch dann kann es zu Neugründungen oder Abspaltungen kommen.

Einem alten Hamburger wie Ihnen müssten die Piraten doch ganz sympathisch sein, zumindest dem Namen nach.

Für mich ist der Ausdruck »Pirat« die Bezeichnung einer bestimmten Klasse von Jollen, mit denen man auf der Alster segelt.

Sind das gute Jollen?

Ja. Es sind Zwei-Mann-Jollen, für junge Leute. Ziemlich flott.

Dürfen Koalitionsverhandlungen an 3,5 Kilometern Autobahn scheitern?

Das kommt mir einigermaßen erstaunlich vor. Aber die Gespräche zwischen SPD und Grünen in Berlin sind wahrscheinlich nicht nur daran gescheitert. Ich kann das von Weitem nicht beurteilen. Dass die Verhandlungen nur an diesem kurzen Stück Stadtautobahn gescheitert sein sollen, kann ich mir kaum vorstellen. Die haben sich vielleicht von vornherein gegenseitig nicht besonders gemocht.

3. November 2011

»Occupy hat meine Sympathie«

Über Gerechtigkeit als eine immerwährende Aufgabe

Lieber Herr Schmidt, in Ihrer Rede auf dem SPD-Parteitag Anfang Dezember haben Sie gesagt, Sie fühlten sich immer noch den drei Grundwerten des Godesberger Programms verpflichtet – Freiheit, Solidarität und Gerechtigkeit. Dabei ist mir aufgefallen: Über Gerechtigkeit haben wir in all den Jahren, wenn überhaupt, nur sehr wenig gesprochen.

Wenn das so ist, dann ist es Ihre Verantwortung; denn Sie stellen die Fragen.

Kann es nicht auch sein, dass es schwer ist, etwas Vernünftiges über Gerechtigkeit zu sagen?

(lange Pause) Es ist nicht schwieriger, als über Brüderlichkeit, Solidarität oder Nächstenliebe zu sprechen. Aber das sind alles Schlagworte ...

... deren Gebrauch gelegentlich etwas inflationär wirkt.

Ja, und die mit sehr unterschiedlichen Inhalten gefüllt werden können.

Welcher Aspekt von Gerechtigkeit ist Ihnen denn besonders wichtig?

Chancengleichheit für Kinder, Schüler und junge Leute. Und das schließt natürlich Kinder mit sogenanntem Migrationshintergrund ein. Es ist gerecht, allen die gleichen Chancen zu geben. Was der Einzelne dann daraus macht, ist eine andere Frage. Der eine macht das Abitur, vielleicht sogar den Doktor phil., der andere wird Dachdeckermeister, ein Dritter bleibt ungelernter Arbeiter – das ist in meinen Augen in Ordnung, wenn alle drei von Anfang an die gleichen Chancen hatten.

War die deutsche Gesellschaft früher nicht etwas durchlässiger und der Aufstiegswille ausgeprägter als heute?

Es war schon mal etwas besser, nämlich unmittelbar nach dem Ersten Weltkrieg, zu Beginn der Weimarer Zeit. Da konnten Leute wie mein Vater, der eine reine Grundschulausbildung hatte, in ihrer Jugend Volkshochschulen besuchen, Seminare belegen, nachträglich ein Arbeiterabitur machen und studieren. Mein Vater war der Sohn eines ungelernten Arbeiters, aber er hat es bis zum Leiter einer Berufsschule in Hamburg gebracht. Das war ein typisches Beispiel dafür, was zu Beginn der Weimarer Zeit möglich war. Die damalige Gesellschaft hatte es allerdings auch etwas leichter, weil sie nicht viele Migranten integrieren musste.

Spielte damals nicht auch der starke Aufstiegsgedanke in der Arbeiterschaft eine Rolle?

Eine ganz große Rolle. Man wollte es zu etwas bringen oder zumindest seinen Kindern Bildung und Aufstieg ermöglichen. Die Arbeiterbildungsbewegung erreichte in den zwanziger Jahren ihren Höhepunkt, danach wurde sie von der Arbeitslosigkeit erdrückt.

Auch nach dem Ende des Zweiten Weltkriegs gab es viele junge Leute aus kleinen Verhältnissen, die sich auf dem zweiten Bildungsweg durchgeboxt haben, zum Beispiel einen Gerhard Schröder, der als Sohn einer Putzfrau und eines Kirmesarbeiters Bundeskanzler werden konnte.

Das ist zwar ein schönes, aber für die Zeit unmittelbar nach 1945 nicht unbedingt typisches Beispiel. Arbeiterabitur und Arbeiterstudium gab es damals nicht mehr, und der zweite Bildungsweg wurde erst im Zuge der Bildungsexpansion in den späten sechziger Jahren richtig ausgebaut.

Heute gibt es Familien, die in dritter Generation von Hartz IV leben und schlichtweg aufgegeben haben.

Es kann durchaus sein, dass es eine Reihe solcher Einzelfälle gibt. Sie sind aber sicherlich nicht typisch für das, was manche heute als Unterschicht bezeichnen.

Eliteforscher sagen, ein Arbeiterkind habe es in Deutschland etwa zehnmal so schwer, eine Führungsposition in der Wirtschaft zu erreichen, wie das Kind eines leitenden Angestellten. Und dieser Trend wird offenbar nicht besser, sondern schlechter.

Ich misstraue solchen Untersuchungen. Richtig ist aber ganz gewiss, dass ein Kind es leichter hat, wenn es im Wohlstand aufwächst und in einer häuslichen Atmosphäre, in der nicht nur Lesen und Schreiben selbstverständlich sind, sondern auch Theater- und Konzertbesuche.

Finden Sie denn die Einkommensverteilung in Deutschland noch gerecht?

Deutschland hat sich im Wesentlichen nach amerikanischem und englischem Beispiel gerichtet, und das ist eine negative Entwicklung. Für einen Mann wie Hans Merkle, der zwei Jahrzehnte lang Chef von Bosch war, wäre es undenkbar gewesen, solche Gehälter und Bonifikationen zu verlangen, wie sie heute in einigen Firmen der deutschen produzierenden Industrie und noch mehr in der Finanzindustrie selbstverständlich geworden sind. Diese Fehlentwicklung begann in Deutschland in den neunziger Jahren, im Zuge der Globalisierung des Bankwesens, aber auch der Industrie.

Sie meinen, es gab schlechte Beispiele aus dem Ausland?

Die Globalisierung hat deutsche Manager mit den Sitten und Gebräuchen in Kontakt gebracht, wie sie in Amerika und England üblich sind, auch mit einigen korrumpierenden und korrumpierten Verhaltensweisen von Managern und Unternehmern in einigen anderen europäischen Staaten. Wir haben inzwischen nicht nur bei manchen Managern, sondern auch bei manchen Facharbeitern und ungelernten Arbeitern einen erheblichen Teil von Schwarzeinkommen. Das hat es in diesem Ausmaß in Deutschland noch vor wenigen Jahrzehnten kaum gegeben. Viel schlimmer aber ist die Selbstbereicherung des Managements.

Weil die soziale Kontrolle damals stärker war als heute?

Ja, die Kontrolle durch das gesellschaftliche Umfeld war stärker.

Ist es in langen Phasen des Friedens und des Wohlstands nicht zwangsläufig so, dass die Schere zwischen denjenigen, deren Vorfahren schon etwas besessen haben, und jenen, die nichts besitzen, immer größer wird, allein schon wegen der Erbschaften?

Ein beträchtliches Erbe kann eine große Rolle spielen. Dass es heute große Unterschiede zwischen Armen und Reichen gibt, hängt natürlich auch damit zusammen, dass die deutsche Gesellschaft in der jüngsten Geschichte dreimal stark durcheinandergewürfelt worden ist: zunächst durch die Aufnahme von vielen Millionen Menschen aus ehemals deutschen Gebieten, dann durch die Vereinigung der beiden deutschen Nachkriegsstaaten und drittens durch die Aufnahme von sieben Millionen Ausländern, zum Teil mit ganz anderen Lebensgewohnheiten, auf die man nicht vorbereitet war.

Viele deutsche Rentner bekommen heute eine Rente, die nur knapp über dem Existenzminimum liegt.

Das Existenzminimum ist, ebenso wie die sogenannte Armutsgrenze, eine relative Größe. All diese Begriffe orientieren sich am Durchschnitt der Gesamtgesellschaft. Wenn der Durchschnitt steigt, dann steigt automatisch auch die Armutsgrenze. Natürlich gibt es arme Leute, die von einer kleinen Rente leben müssen. Das hat aber damit zu tun, dass sie vorher nur geringe Beiträge eingezahlt haben.

Oder keine Zusatzversicherung abgeschlossen haben.

Wenn jemand sein Leben lang gearbeitet und in die staatliche Rentenversicherung eingezahlt hat, ist die Rente auskömmlich.

Zahlen die Gutverdienenden und Vermögenden in diesem Land genug Steuern?

Es gibt ganz gewiss sehr viele Menschen in Deutschland, die ein hohes Einkommen haben oder über ein beträchtliches Vermögen verfügen und nicht genug zahlen, weil sie ihr Geld geschickt und nicht notwendigerweise gesetzwidrig in Steueroasen angelegt haben.

Finden Sie, dass die Steuersätze für Spitzenverdiener angemessen hoch sind?

Sie können durchaus erhöht werden; vor allem aber sollte die Vermögensteuer wiederhergestellt werden.

Sie finden es gerecht, dass Ihre Partei den Spitzensteuersatz von 42 auf 49 Prozent erhöhen will?

Steuersätze sind Tagespolitik, dazu will ich mich nicht äußern.

Wären Sie bereit, vorübergehend höhere Steuern zu bezahlen?

Ich bin bereit, die Steuern zu zahlen, die der Staat mir auferlegt. Das eigentliche Problem liegt woanders: Es gibt zu viele schlechte Vorbilder. Das schlimmste Beispiel sind Finanz- und Bankmanager; über die regt sich das Publikum zu Recht auf. Wie heißen diese Jungs, die da in Manhattan die Investmenthäuser belagern?

Occupy.

Occupy, ja. Deren Protest kann ich sehr gut nachvollziehen. Und die politisch verantwortlichen Abgeordneten sollten diese Bewegung ernst nehmen. Hinter dem Protest von Occupy steckt zwar auch ein Neidkomplex, auch wenn die das selbst nicht gern zugeben werden.

Aber es wären auch hehrere Motive denkbar ...

Neid ist eine ganz normale menschliche Eigenschaft. Natürlich spielen bei Occupy idealistische Motive eine große Rolle; es ist eine Gemengelage. Insgesamt haben diese Leute meine Sympathie.

Müssen denn die Vermögenden in schwierigen Zeiten stärker zur Kasse gebeten werden?

Solange das Vermögen produktiv arbeitet, weil es zum Beispiel in einer Maschinenbaufirma steckt, die 250 Menschen beschäftigt, dann ist das eine andere Sache, als wenn jemand sein Vermögen in Finanzpapieren angelegt hat. Beides würde ich unter dem Gesichtspunkt der sozialen Gerechtigkeit, aber auch der ökonomischen Vernunft sehr verschieden bewerten: Das Finanzvermögen sollte stärker besteuert werden als das Betriebsvermögen. Das aber würde bedeuten, dass man untersuchen muss, wie ein Vermögen angelegt ist - was die Sache noch komplizierter machen würde. Ich habe einen Horror vor der immer komplizierter werdenden Steuergesetzgebung!

Das ist auch ein Argument gegen die Vermögensteuer: dass der bürokratische Aufwand enorm sei, der Ertrag aber gering.

Ja. Trotzdem habe ich die Abschaffung der Vermögensteuer für unvernünftig gehalten.

Einen Großteil der Steuerlast tragen die kleinen Leute, indem sie Umsatz- und Verbrauchsteuern entrichten. Finden Sie das gerecht?

Alle Staaten der Welt finanzieren sich zwangsläufig immer mehr über indirekte Steuern. Ob Sie nach China gucken, nach Amerika oder nach Deutschland, die Entwicklung verläuft überall ähnlich. Selbst jemand, der von Sozialhilfe lebt, muss Umsatzsteuer bezahlen, wenn er ein Brot kauft oder eine Wurst.

Und wenn er raucht, zahlt er noch viel mehr Steuern. Eine Finanztransaktionssteuer dagegen gibt es nicht.

Richtig. Der Gärtner, der eine Pflanze in seinem Gewächshaus gezogen hat, zahlt Mehrwertsteuer, wenn er die Pflanze auf dem Hamburger Großmarkt an einen Einzelhändler aus Fuhlsbüttel verkauft. Dessen Kunde, nämlich der Endverbraucher, muss diese Mehrwertsteuer übernehmen und zahlt zusätzliche Mehrwertsteuer. Wenn aber eine Bank ein sogenanntes Finanzprodukt verkauft, zahlt niemand eine Mehrwertsteuer. Das ist ein Konstruktionsfehler, der aus der Zeit vor dem Ersten Weltkrieg stammt.

Was spricht dagegen, diesen Konstruktionsfehler politisch zu beheben?

Eine Mehrwertbesteuerung würde für die Geschäfte der Banken komplizierte Vorschriften und Überwachungsverfahren notwendig machen. Gleichwohl halte ich es für dringend geboten, die Banken in gleicher Weise wie alle anderen Kaufleute und Produzenten der Mehrwertbesteuerung zu unterwerfen. Auf der anderen Seite ist es in einer Zeit, in der die meisten Finanzhäuser längst global agieren, ein ganz großes Kunststück, diese Steuer einzuführen. Deswegen fordern diejenigen, die von der Finanztransaktionssteuer reden, auch nur ganz bescheidene Prozentsätze, in Wirklichkeit geht es da um Bruchteile von Prozenten.

Um bei Ihrem Beispiel zu bleiben: Wenn ich eine Blume kaufe ...

... dann zahlen Sie nur 7 statt 19 Prozent Mehrwertsteuer. Stellen Sie sich mal vor, die Transaktionssteuer für Bankgeschäfte würde auf den Mehrwertsteuer-Normalsatz von 19 Prozent gesetzt! Das System würde zusammenbrechen. Man muss die Kirche im Dorf lassen, hier kommt die alte Kardinaltugend des Maßes ins Spiel. Übrigens ist bei dem Gerechtigkeitsthema notwendig zu erkennen, dass der Wille zur Gerechtigkeit eine Tugend ist, eine dringend notwendige Tugend. Freiheit ist ein Grundrecht, Gerechtigkeit ist eine Tugend.

Wie also ist es um diese Tugend bestellt?

Es ist eine der Konsequenzen der Nazizeit, dass

im Grundgesetz vor allem die Rechte betont werden, nicht aber die Verantwortung, die Tugenden und Pflichten. Das ist einer von mehreren Gründen dafür, dass die Erziehung zur Verantwortung in Deutschland nicht ausreichend stattfindet. Man muss lernen, dass man das zu verantworten hat, was man selbst getan hat oder tun will oder was man unterlassen hat - und zwar aus Verantwortung vor dem eigenen Gewissen. Es wird Zeit, dass die Erziehung zur Verantwortung genauso großgeschrieben wird wie die Erziehung zur Wahrnehmung der eigenen Rechte.

Glauben Sie an Gerechtigkeit?

Mein Glaube an die Gerechtigkeit Gottes hat große Löcher bekommen. Gott hat schreckliche Verbrechen geschehen lassen. Das Wort von der Gerechtigkeit Gottes habe ich nie verstehen können. Ich halte es für absurd.

Und die Gerechtigkeit auf Erden?

Die Gerechtigkeit auf Erden ist ein Ziel, das man anstreben muss, das man aber nie vollständig erreichen kann. Gerechtigkeit bleibt eine immerwährende Aufgabe.

Dazu haben Sie sich in Ihrer Rede auf dem SPD-Parteitag bekannt, auch dafür sind Sie bejubelt worden.

Der Jubel hatte etwas mit Sentimentalität zu tun.

Sind Sie selbst auch sentimental geworden, bei so viel Wärme und Zustimmung?

Nein. War mir ein bisschen zu viel.

Sie kokettieren!

Nein. Ich habe versucht, die Bühne so schnell wie möglich zu verlassen.

Als Sie wieder unten waren und sich endlich eine Zigarette anzünden konnten, gab es noch einmal Jubel.

Ja, ja. Auch das muss man in Gelassenheit ertragen. Es gibt viel Schlimmeres!

12. Januar 2012

»Früher war vieles anders, aber nicht besser«

Über das Internet und andere neue Themen

Lieber Herr Schmidt, was empfinden Sie, wenn Sie von der Macht des Internets erfahren: Ist das etwas, von dem Sie meinen, das gehört nicht mehr zu meiner Welt; ist es etwas Bedrohliches oder etwas, das Sie neugierig macht?

Drei Dinge fallen mir dazu ein. Erstens: Das Internet gehört kaum zu meiner Welt. Zweitens: Ich empfinde es als bedrohlich. Und drittens: Es hat Zukunft.

Was empfinden Sie als bedrohlich?

Das Bedrohliche ist der Umstand, dass die elektronischen Medien, die sich ja ständig weiterentwickeln, eine tief greifende kulturelle Veränderung mit sich bringen. Das betrifft nicht nur die westliche Kultur, nicht nur New York City oder die kleine Stadt Hamburg, sondern auch andere Kulturen auf der ganzen Welt. Wenn Sie zum Beispiel im Nahen Osten oder im Maghreb, in Tunesien, Algerien, Ägypten oder Libyen junge Leute mit einem Handy ausstatten, dann wird das im Laufe einer einzigen Generation dazu führen, dass die Frauen sich nicht mehr zwangsverheiraten lassen und die Mädchen nicht mehr beschnitten werden. Das gilt jedenfalls für die Städte; in den Dörfern liefe dieser Prozess vermutlich langsamer ab.

Aber das wären doch alles positive Veränderungen!

Das stimmt. Unbestreitbar führt das Internet auch zu positiven Veränderungen. Das Negative besteht meiner Meinung nach darin, dass das Internet zu Oberflächlichkeit verleitet, zu spontanen Reaktionen, hinter denen kein langes Nachdenken steckt: Ich habe etwas gelesen, und sofort twittere ich dagegen oder darüber - womöglich auch noch in falscher Grammatik. Die elektronischen Medien führen unter anderem dazu, dass die Qualität der Mitteilung abnimmt.

Ich staune immer wieder, dass Sie wissen, was twittern ist!

Ja, das habe ich inzwischen auch gelernt.

Sie wissen, dass es eine Reihe von Politikern gibt, die das inzwischen auch erfolgreich tun.

Ob das erfolgreich ist, darüber kann man streiten.

Kann es nicht sein, dass die Oberflächlichkeit, die übermäßige Emotionalität, die Invektiven im Laufe der Zeit zumindest stark abnehmen werden? Dass

sich der Kommunikationsstil im Netz erst noch entwickeln muss?

Er wird sich zwangsläufig weiterentwickeln.

Also auch kultivierter werden?

Jein. Ich würde sagen, die Kommunikation im Internet wird sowohl kultivierter als auch noch oberflächlicher werden.

Haben Sie denn den Eindruck, dass sich Politiker oder Journalisten, die für herkömmliche Medien arbeiten, heute vom Netz treiben lassen?

Das würde ich bejahen, auch wenn dieses Phänomen im Moment noch keine so große Rolle spielt. Aber der Einfluss des Internets wird zunehmen. Ein Beispiel dafür ist die Piratenpartei: Einstweilen hat sie der CDU, der SPD und den Grünen noch nichts Wesentliches weggenommen, aber ihr Stimmenanteil wächst.

Manche Wähler fühlen sich bei den sogenannten etablierten Parteien offenbar nicht gut aufgehoben. Wäre es nicht die Aufgabe einer Volkspartei, diese Leute wieder zu integrieren?

Die Volksparteien können nicht verhindern, dass in der Gesellschaft neue Interessen entstehen, die dann auch artikuliert werden. Sie müssen das geschehen lassen – und gleichzeitig müssen sie versuchen, die Themen, die sie bisher vernachlässigt haben, in ihr Programm zu integrieren.

Haben Sie Anfang der achtziger Jahre strategische Überlegungen angestellt, um die Wähler der Grünen doch noch für die SPD zu gewinnen? Etwa dadurch, dass man weniger auf Kohle setzt und mehr auf ökologische Themen?

Die sozialdemokratische Bundestagsfraktion war damals durchaus ansprechbar für ökologische Themen, aber die große Mehrheit der SPD-Anhänger war auf die Sozialpolitik fokussiert. Infolgedessen war das Aufkommen einer vierten Partei zwangsläufig.

Nach der Vereinigung kamen die Linken hinzu, nun sind es die Piraten: Inzwischen hat die SPD gleich drei Konkurrenten!

Das ist eine Folge der Tatsache, dass die Mehrheit der Sozialdemokraten zu lange auf die Sozialpolitik gesetzt hat. Die Tatsache, dass es in ganz Europa einen Rückgang der sozialdemokratischen Wählerstimmen gibt, hängt damit zusammen, dass die Sozialdemokraten ihre historische Aufgabe, für die sie ein ganzes Jahrhundert lang gekämpft haben, bewältigt haben: Fast überall haben wir heute den Sozialstaat. Das ist ihre Errungenschaft, heute fehlt ihnen eine neue Aufgabe – dabei liegt die Aufgabe auf dem Tisch, die Europäische Union und ihre Institutionen zu demokratisieren.

Außerdem machen heute auch Politiker anderer Parteien sozialdemokratische Politik.

Das kann man so sagen, ja. Frau Merkel macht sozialdemokratische Politik.

Wie erklären Sie sich die Erstarrung der SPD?

Mit dem Lebensalter und der Lebenserfahrung, aber auch mit der gesellschaftlichen Position ihrer Mitglieder und Anhänger. Ein fünfzig Jahre alter industrieller Facharbeiter, der an einer Maschine steht und immer dasselbe tut, hält seine Altersversorgung für eine ganz wichtige Sache. Wer dagegen mit fünfzig als Angestellter im unteren oder mittleren Management eines Unternehmens tätig ist, befindet sich in einer völlig anderen Lebenssituation; er kann befördert werden. Dem ist die Rente zwar auch wichtig, aber nicht überragend wichtig.

Wenn Sie heute noch politisch aktiv wären, würden Sie dann versuchen, die Partei zu verjüngen?

Ich würde versuchen, sie in Richtung auf die Konsequenzen der Überalterung und zugleich in Richtung auf Europa zu verändern. Ob ich sie verjüngen könnte, ist eine andere Frage. Die Veränderung der SPD war übrigens schon mein Ziel, als ich dreißig Jahre alt war. Ich war einer derjenigen, die die SPD für die Außenpolitik geöffnet haben und für die Deutschlandpolitik, wie man das damals nannte. Ich war auch einer von denjenigen, die sie für den Katholizismus geöffnet haben.

Sie haben aus strategischen Gründen die SPD für den Katholizismus geöffnet?

Ja. Das können Sie in den vielen Vorträgen nachlesen, die ich in den fünfziger und sechziger Jahren gehalten habe. Ich habe viele Male zum Beispiel auf die außerordentliche Bedeutung der katholischen Soziallehre verwiesen.

Für welche Themen müsste sich die SPD heute öffnen?

Der entscheidende Punkt ist, dass sie sich überhaupt öffnet, und zwar für alle Themen.

Lassen Sie uns noch einmal zurückkommen zum Internet. Sie bekommen ja jede Woche eine Menge Zuschriften. Sind es vor allem Briefe, oder gehen inzwischen auch viele E-Mails ein?

Es kommen eine ganze Menge E-Mails, ich kann das nicht mehr übersehen. Ich kriege nicht mehr alle Briefe vorgelegt, weil mir das zu viel wird; immerhin bin ich im 94. Lebensjahr. Es wird also ein bisschen gefiltert. Aber alles, was ernsthaft lesenswert ist, landet natürlich auf meinem Tisch.

Das heißt, Ihre Mitarbeiter haben den besten Überblick über Ihre E-Mails?

Sie haben einen ordentlichen Überblick, ja.

Die Facebook-Seite »Helmut Schmidt« gefällt mehr als 40 000 Mitgliedern des sozialen Netzwerks. Haben Sie sich das schon mal zeigen lassen?

Nee.

Sie sind gar nicht neugierig?

Nee, nee. Ich warte darauf, dass die *ZEIT* mir davon berichtet. (lacht)

Haben Sie denn ein Handy?

Ich habe kein Handy, und wenn ich eins hätte, würde ich es nicht benutzen.

Weil Ihnen das Hören so schwerfällt?

Nein, weil ich keine Lust dazu habe. Ich telefoniere überhaupt nur noch selten. Wahrscheinlich habe ich das auch früher nie wirklich gern getan. Ich habe immer die Schriftform bevorzugt, und zwar die briefliche Schriftform.

Zu Ihrer Zeit als Politiker, in der Bonner Republik, gab es nur wenige wichtige politische Medien – und oft eine Art Kumpanei zwischen Journalisten und Politikern.

Eine Art Kumpanei, das kann man unterschreiben. Es war wirklich eine sehr spezielle Art, die zum Teil auch zerstörerische Folgen hatte. Nehmen Sie zum Beispiel den *Spiegel* der fünfziger Jahre. Der zerstörte, ohne es zu wollen, das Vertrauen zwischen den Akteuren.

Inwiefern?

Er zerstörte das Vertrauen in den Ernst des anderen. Durch Indiskretionen, durch Geschichten, die nicht ganz, sondern nur ein bisschen stimmten, durch vielerlei Dinge. Er zerstörte auch das Vertrauen, weil er die Autorennamen wegließ. Die einzige Ausnahme war Rudolf Augstein selbst.

Würden Sie sagen, dass der *Spiegel* in der innenpolitischen Berichterstattung heute glaubwürdiger ist?

Ja.

Es gab damals auch eine ganze Reihe von Korrespondenten, die über die Partei berichteten, der sie selbst angehörten.

Das ist ganz normal.

Das finden Sie normal? Ist ein Journalist nicht befangen, wenn er Parteimitglied ist?

Mache ich auf Sie den Eindruck, befangen zu sein, nur weil ich SPD-Mitglied bin?

Nein, aber Sie sind auch Helmut Schmidt.

Ich halte es für normal, dass jemand, der einer Partei angehört, seine eigene Meinung über seine Partei durchaus lesbar zum Ausdruck bringt, wenn er denn gefragt wird.

Fühlten sich die einzelnen Medien früher sehr viel stärker einer bestimmten parteipolitischen Richtung verpflichtet, als das heute der Fall ist?

Das weiß ich nicht. Die *FAZ* von heute ist eindeutig CDU-nah aufgestellt.

Sie ist aber immer wieder auch sehr kritisch gegenüber der schwarz-gelben Regierung.

Sehr kritisch, aber die Grundtendenz ist gouvernemental und konservativ. Trotzdem ist die *FAZ* eine gute Zeitung. Übrigens ebenso wie die *Süddeutsche Zeitung*.

»Früher war alles besser« – dieser Satz überzeugt Sie nach wie vor nicht?

Käse. Was war denn besser? Zu unserer Zeit war vieles ganz anders, aber es war nicht besser. Auch nicht in der Politik: Nehmen Sie zum Beispiel den Verteidigungsminister Strauß oder später den Generalinspekteur Trettner. Die haben damals das Publikum regelrecht getäuscht. Das wäre heute schwieriger.

Auch dank des Internets, weil es sofort auffliegen würde.

Auch dank WikiLeaks, ja.

19. April 2012

»Ich bin altmodisch«

Über gute und schlechte Erfahrungen im Leben

Lieber Herr Schmidt, wann würden Sie einen Menschen als erfahren bezeichnen?

Die europäische Tradition kennt den Begriff der Volljährigkeit.

Eine Altersgrenze, die vom Gesetzgeber festgelegt wird.

Ja. In vielen europäischen Staaten war es lange Zeit so, dass jemand als volljährig galt, wenn er das 21. Lebensjahr vollendet hatte. Diese Altersgrenze ist dann herabgesetzt worden. Das hat zum einen mit den opportunistischen Wünschen von Politikern zu tun, die Stimmen von jugendlichen Wählern brauchen. Zum anderen hat es zu tun mit der Schulpflicht, die es seit drei, vier Generationen überall in Europa gibt: Die jungen Menschen wurden darauf vorbereitet, Bürger ihres Staates zu sein, und man hielt sie für in der Lage, früher ihre Stimme abzugeben. Beides spielt ineinander.

Sie selbst sind kein Freund der Volljährigkeit ab 18?

Ich bin altmodisch, ich halte es für ein Unding, dass

jemand, der noch zur Schule geht, gleichzeitig volljährig sein soll. Ich weiß aber, dass die Volljährigkeitsgrenze eine willkürliche Grenze ist. Manche sind mit 21 erwachsen, manche sind schon mit 18 erwachsen, andere werden nie ganz erwachsen. Wenn es nach mir gegangen wäre, hätten wir die Grenze zur Volljährigkeit beim Alter von 21 Jahren belassen.

Ohne Ausnahme? Auch nicht beim Führerschein?

Führerschein ist ein bisschen was anderes. Aber die heutige Tendenz, das Mindestalter für den Führerschein bis auf 16 abzusenken, halte ich auch für Opportunismus.

Und das Wahlrecht mit 16?

Da gilt das Gleiche.

Was macht einen Menschen zu einem Erwachsenen?

Ein Mensch, der die Liebe noch nicht erlebt hat, ist noch nicht wirklich erwachsen, ob er 18 ist, 21 oder meinetwegen 36. Die Erfahrung der Liebe zwischen Mann und Frau ist eine wichtige Erfahrung. Aber sie allein macht den Erwachsenen noch nicht aus, wichtiger ist zum Beispiel die Erfahrung von Gut und Böse: Die kann schon ein Zehnjähriger gemacht haben, es kann aber auch sein, dass sie erst sehr viel später im Leben eintritt. Und auch die Erfahrung der Verantwortung für das, was ich tue oder lasse, ist ein notwendiger

Bestandteil des Erwachsenseins, das nicht an irgendeine Altersgrenze gekoppelt ist.

Macht die Erfahrung des Krieges jemanden zwangsläufig erwachsen, wie Sie gelegentlich schon behauptet haben?

Nein, das zu behaupten, ginge zu weit. Aber sie kann dazu beitragen, dass jemand erwachsen wird, je nachdem, was er im Krieg erlebt hat. Der Krieg allein macht ihn aber nicht zum Erwachsenen, es sei denn, er hat ein Bein verloren oder ist aufs Schwerste verwundet worden. Der Ausdruck »Erwachsener« ist zwiespältig.

Sie haben ihn früher oft gebraucht, auch polemisch in der politischen Auseinandersetzung, wenn Sie zum Beispiel jemandem vorgeworfen haben, er sei noch nicht erwachsen.

Das mag so sein. Der Ausdruck kann aber ganz verschiedene Dinge meinen. Wenn er polemisch gebraucht wird, geht es meist darum, die Idee des politischen Gegners als unreif und als unvernünftig herabzusetzen.

Hatte Ihre Generation nach dem Krieg das Gefühl, etwas wiedergutmachen zu müssen?

Der Ausdruck »etwas wiedergutmachen« ist ein bisschen schwierig. Aber viele ehemalige Kriegsteilnehmer haben es aufgrund ihrer Erfahrungen als ihre Pflicht angesehen, sich für den Frieden einzusetzen.

Waren sie erfolgreich?

Kann man so sagen; jedenfalls haben die großen europäischen Staaten es mithilfe der Amerikaner geschafft, seit mehr als sechzig Jahren keinen Krieg mehr gegeneinander zu führen. Das ist ein Novum.

Würden Sie sagen, dass die Deutschen zu einem friedfertigen Volk geworden sind?

Ja, wir sind ein teilweise sogar pazifistisches Volk geworden.

Erfüllt Sie das mit Genugtuung?

Ja.

Bundespräsident Gauck hat im Interview mit der *ZEIT* gesagt: »Es wäre mir bis 1990 nicht über die Lippen gekommen, dass ich stolz auf mein Land wäre.« Jetzt aber sei der Begriff Stolz »in einem aufgeklärten Maße auch möglich in Bezug auf unsere Nation«. Sie dagegen haben noch 2010 auf die Frage, ob Sie heute sagen würden, dass Sie stolz auf Deutschland sind, geantwortet: »Ich habe bisher keinen Grund, das zu sagen.«

Stolz zu empfinden ist eine Sache. Eine andere Sache ist es, von Stolz - zum Beispiel auf das eigene Land - zu sprechen oder gar ihn zu feiern. Ich bin darin zurückhaltend.

Die Lebenserwartung junger Generationen ist heute so hoch wie noch nie. Ist es da nicht widersinnig, dass in der Schule und im Studium so aufs Tempo gedrückt wird, zumal ja auch die Wehrpflicht und der Ersatzdienst weggefallen sind?

Die allgemeine Schulpflicht ist möglicherweise ein bisschen zu weit gegangen. Tatsächlich wachsen in den europäischen Völkern nicht genug junge Leute nach. Das heißt, man darf die Schulpflicht nicht ewig ausdehnen, man muss sie begrenzt halten. Es ist auch nicht notwendig, dass die Ausbildung zum Maschinenbau-Facharbeiter drei Jahre dauert, vielleicht genügen auch zwei. Und natürlich kann ich einen akademisch ausgebildeten arbeitslosen Spanier innerhalb eines Jahres zum Facharbeiter machen. Die herkömmlichen Vorstellungen von Ausbildung sind angesichts der modernen technischen Hilfsmittel, die heute zur Verfügung stehen, ziemlich reformbedürftig.

Aber geht es denn nur darum, dass junge Leute möglichst schnell dem Arbeitsmarkt zur Verfügung stehen? Gehören zum Erwachsenwerden nicht auch Umwege und Irrtümer?

Das würde ich ohne Weiteres bejahen. Man lernt während des ganzen Lebens. Trotzdem ist es notwendig, dass die Ausbildungswege verkürzt werden; denn wir können eine Gesellschaft nicht mehr ernähren, wenn immer mehr alte Leute auf die Rente warten und immer weniger Leute die Rente finanzieren.

Gibt es eine Erfahrung, die Sie gern gemacht hätten, aber nicht machen konnten?

Das ist die Erfahrung des Städtebauers und des Architekten. Und ich hätte gern meinen Großvater kennengelernt.

Gibt es außer Loki einen Menschen, an den Sie beinahe täglich denken?

Beinahe täglich denke ich an meine Freundin Ruth Loah.

Bei ihr haben Sie nach Lokis Tod Halt gefunden: Ist sie Ihre neue Lebensgefährtin?

Ja.

Seit wann kennen Sie sie?

Ich kenne sie seit 1955. Sie war mal meine Mitarbeiterin, auch hier bei der *ZEIT*. Sie ist eine große Hilfe.

In Ihrem Buch »Weggefährten« schreiben Sie mit großer Wärme über Lilli Palmer. Es wirkt so, als ob Sie sie gut gekannt und gemocht hätten.

Das stimmt. Sie war mit meiner Frau genauso befreundet wie mit mir. Sie war mehr als eine Schauspielerin; sie hatte eine große Lebenserfahrung und war eine sehr angenehme Gesprächspartnerin.

Sie konnte auch malen und schreiben.

Ja. Sie hat nicht lange genug gelebt.

War Lilli Palmer eine Frau zum Verlieben?

Ja, aber ich habe mich nicht verliebt.

Sie war Jüdin und emigrierte 1934 nach Paris. Hat sie den Deutschen am Ende ihres Lebens wieder trauen können?

Ich habe sie nicht als Jüdin gesehen.

Hat sie von sich aus darüber geredet?

Kaum, nein, glaube ich nicht. Ich bin mit vielen Juden befreundet gewesen oder bin es noch. Aber die allerwenigsten von ihnen haben mir gegenüber von ihrem Judentum gesprochen. Das war auch nicht notwendig, denn ich wusste über den jüdischen Glauben und über die Ermordung von Millionen europäischer Juden Bescheid - und man wusste, dass ich gewusst habe.

Seit wann wussten Sie Bescheid?

Nach dem Krieg erfuhr ich von der Ermordung von sechs Millionen Juden. 1966 bin ich zum ersten Mal nach Israel und nach Yad Vashem gegangen. Ich war auch der erste Bundeskanzler, der nach Auschwitz gegangen ist. Ich habe dort eine Rede gehalten, die mit den Worten anfing: »Eigentlich gebietet dieser Ort zu schweigen. Aber ich bin sicher, dass der deutsche Bundeskanzler hier nicht schweigen darf.« Ich war sehr bewegt.

Hat sich der deutsche Bundeskanzler geschämt?

Er war ein Mitbetroffener.

Haben Sie sich damals nicht als Vertreter des Volks der Täter gefühlt?

Nein. Ich bin auch dagegen, die Deutschen schlechthin als ein Tätervolk zu bezeichnen.

Ist Ihnen bewusst, dass Sie vom Leben besser behandelt worden sind als die meisten? Sie haben enorm viel erleben können, und Sie haben es so weit gebracht wie nur wenige auf der ganzen Welt.

Kann sein.

Empfinden Sie das als Geschenk?

Nicht als Geschenk. Es gab ja auch sehr unerfreuliche Erfahrungen, die würde ich nicht auslassen wollen. Wir haben Hanns Martin Schleyers Leben riskieren müssen, um das Leben von neunzig anderen Menschen zu retten. Das ist uns mit viel Glück gelungen. Aber Schleyers Leben haben wir nicht retten können. Das verantworten zu müssen, wiegt tausend andere glückliche Erfahrungen nicht auf.

Darüber denken Sie immer wieder nach?

Darüber denke ich bisweilen nach. Ich kann es nicht ungeschehen machen. Damit muss ich leben.

2. August 2012

»Ich wusste, dass China wiederkommen würde«

Über Menschenrechte, Gewalt und Interventionen

Lieber Herr Schmidt, Sie haben gerade, man glaubt es kaum, eine zwölftägige Reise nach Singapur und China hinter sich. Wie haben Sie das überlebt?

Ich bin diesmal mit einem Arzt und einer Pflegerin gereist. Jeden Tag gab es eine Spritze gegen Thrombose.

Selbst Ihre Biografen verlieren langsam den Überblick, wie oft Sie schon in China waren: 15 Mal, 16 Mal?

Ich weiß es nicht, ich habe die Reisen nicht gezählt.

Jedenfalls ist China schon lange Ihr Lieblingsland!

Das mag so sein. 1975, vor 37 Jahren, war ich das erste Mal dort. Ich habe großen Respekt vor der 4000 Jahre alten chinesischen Zivilisation. Die ältesten chinesischen Schriftzeichen stammen etwa aus dem Jahre 2000 vor Jesus von Nazareth, sie wurden in Schildkrötenpanzer graviert. Was Philosophie und Literatur,

Naturwissenschaft, Technik und Medizin anbelangt, waren die Chinesen den Europäern lange Zeit überlegen. Das änderte sich erst gegen Ende des europäischen Mittelalters.

Bei Ihrem ersten Besuch in China haben Sie Mao Zedong getroffen. War Ihnen das erste Gespräch mit ihm nicht unheimlich? Mao stand ja auch für schwere Verbrechen.

Ich war erst einmal neugierig auf den Mann und habe ihm das erste Wort überlassen.

Er begrüßte Sie mit dem Satz: »Sie sind ein Kantianer!«

Was nicht stimmte. Und er behauptete von sich selbst, ein Marxist zu sein, was auch nicht stimmte.

Sie hielten ihn für einen Konfuzianer.

Nein. Ich halte ihn für einen Mann sehr eigener Prägung. Er war ein Mensch, der in keine Schablone passte. Ein Marxist glaubt an das Industrieproletariat; Mao glaubte an das bäuerliche Proletariat auf dem Land. Er glaubte vor allem an die Revolution, daran, dass man dieses große, traditionsreiche Land schnell umfunktionieren könnte. Das fing an mit der Kampagne des »Großen Sprungs nach vorn« Ende der fünfziger Jahre. Da hat er sich sehr geirrt.

Auch deshalb habe ich eben von schweren Verbrechen gesprochen – der Große Sprung kostete zig Millionen Menschen das Leben.

Das Letztere stimmt; man muss dazu aber sagen, dass es Hungertote waren.

Gestorben an der politischen Umsetzung einer wahnwitzigen Idee!

Mao hat die Toten nicht gewollt. Alle die vielen Millionen Hungertoten waren die unvorhergesehene Folge des Großen Sprungs, das heißt, des Versuches, die Bauern dazu zu bringen, aus Schrott Stahl zu schmelzen, statt Reis oder Weizen zu ernten. Später gab es die schreckliche proletarische Kulturrevolution, unter der viele Menschen gelitten haben.

Eine Revolution, zu der Massaker, Mord, Folter, Hunger und Erniedrigungen gehörten.

Millionen von Menschen wurden drangsaliert, und Mao hat das gewusst.

Ist es nicht erschreckend, dass manche Menschen so viel Macht haben, dass sie die unsinnigsten Willkürakte durchsetzen können?

Maos Macht war zu groß. Aber in der Geschichte gibt es immer wieder Menschen, deren Macht zu groß ist. Das gilt für Nero oder Dschingis Khan, es gilt für Pizarro und für alle kolonialen Eroberer. Es gilt auch für Mao.

Sie haben 1975 nicht nur Mao getroffen, sondern auch Deng Xiaoping. Sie mochten ihn offenbar auch deshalb, weil er eine Ihrer Leidenschaften teilte.

Ja, aber als Raucher war er mir überlegen. Er musste auch ständig ausspucken; dabei konnte er in einen Spucknapf treffen, der anderthalb Meter von ihm entfernt stand. Das hätte ich nicht gekonnt.

Sie haben einmal gesagt, Deng sei der erfolgreichste kommunistische Führer der Weltgeschichte gewesen.

Würde ich heute immer noch sagen.

Woran messen Sie Erfolg?

An der Veränderung eines Landes zum Guten.

Mit dem Guten meinen Sie Wohlstand?

Ja – aber nicht Wohlstand allein. Die Tiananmen-Tragödie im Juni 1989 hat Dengs Erfolg unterbrochen; aber er knüpfte mit seiner Reise durch den Südosten abermals daran an und setzte sich durch.

Sie sprechen von einer Tragödie, in Ihrem Buch »Weggefährten« schreiben Sie von der »Beendigung der Demonstrationen auf dem Tiananmen-Platz«. Ist das nicht eine euphemistische Umschreibung der blutigen Niederschlagung der Proteste, die nach Schätzungen des Roten Kreuzes in ganz Peking 2600 Todesopfer gefordert hat?

Diese Zahl kommt mir weit übertrieben vor. Ich war

unmittelbar nach Tiananmen in China und habe dort mit dem deutschen, dem englischen und dem amerikanischen Botschafter geredet. Die haben damals die Zahlen sehr viel niedriger geschätzt. Der entscheidende Punkt ist, dass China damals keine kasernierte Polizei hatte. Das heißt: Der Regierung stand ausschließlich das Militär zur Verfügung, wenn sie eingreifen wollte. Und die Soldaten hatten nur gelernt zu schießen.

Auf unbewaffnete Landsleute?

Sie haben zunächst ausgehalten, aber sie wurden mit Steinen und Molotow-Cocktails angegriffen und haben sich gewehrt - mit den Waffen, die sie hatten. Gleichzeitig fand, zum ersten Mal seit langer Zeit, der Besuch des Chefs der Sowjetunion in Peking statt. Gorbatschow musste die Große Halle des Volkes durch die Hintertür betreten, weil vor dem Haupteingang die Studenten demonstrierten. Für Deng war das ein enormer Gesichtsverlust.

Er gilt als derjenige, der die gewaltsame Auflösung der Demonstrationen befohlen hat.

Ja, aber Sie sagen mit Recht, er *gilt* als der Befehlsgeber.

Sie wollen sagen, er war es nicht?

Das ist schwer zu entscheiden.

Sie sind nach der blutigen Niederschlagung der Studentenproteste als erster europäischer Politiker wieder nach China gereist. Hatten Sie keine Angst, das Regime damit aufzuwerten?

Nein. Ich wusste, dass China wiederkommen würde.

Halten Sie es für legitim, wenn eine Regierung individuelle Freiheitsrechte opfert, um Wohlstand zu schaffen?

Persönliche Freiheitsrechte hat es weder während der tausendjährigen Herrschaft der chinesischen Kaiser noch unter Tschiang Kai-shek noch unter Mao Zedong gegeben; sie wurden deshalb auch nicht »geopfert«. Sie dürfen die politischen Vorgänge in Asien, im islamischen Raum, in Afrika oder in Lateinamerika nicht nach neuzeitlichen europäischen Maßstäben beurteilen. Aber sogar in Europa und Nordamerika haben fast ausnahmslos alle Revolutionen und Bürgerkriege schwerwiegende Verletzungen der Menschenrechte in Kauf genommen. Wenn Sie heutzutage die Fernsehbilder aus Tschetschenien, Libyen, Ägypten oder Syrien, Griechenland, Spanien oder New York auf sich wirken lassen, wo Demonstranten und Polizisten und Soldaten gegeneinanderstehen, dann wird natürlich auch die Freiheit der Demonstranten beeinträchtigt, zum Teil durchaus gewaltsam beeinträchtigt.

Es wird aber nicht geschossen, es wird kein Literatur-Nobelpreisträger inhaftiert und kein Maler festgenommen.

Richtig. Es ist aber noch nicht so lange her, dass Maler in Acht und Bann getan wurden, zum Beispiel in Deutschland.

Sie meinen von den Nazis?

Ja.

Aber kein vernünftiger Mensch auf der Welt verteidigt heute den Nationalsozialismus! Und nach den Schrecken des Zweiten Weltkrieges haben die Vereinten Nationen die Allgemeine Erklärung der Menschenrechte verabschiedet.

Die Menschenrechtserklärung ist eine Resolution, kein Bestandteil der Charta der Vereinten Nationen. Ich bin übrigens kein allzu begeisterter Anhänger der Vereinten Nationen.

Aber Sie weisen immer wieder darauf hin, dass militärische Interventionen nur durch ein Mandat des Sicherheitsrates völkerrechtlich legitimiert werden können.

Das stimmt. Deswegen bin ich sehr skeptisch, wenn ich das neue Schlagwort der »responsibility to protect« höre. Dieses Prinzip propagiert einen Verstoß gegen geltendes Völkerrecht.

Es geht von der Vorstellung aus, dass Menschenrechte unteilbar sind und es eine Verantwortung zum Schutz des Menschen gibt.

Es geht von der Vorstellung aus, dass Menschenrechte wichtiger sind als das Völkerrecht.

Ist Freiheit nicht so wichtig wie Wohlstand?

Das Freiheitsideal, das Ideal der einzelnen Person ist eine Erfindung der europäischen Neuzeit – mit der Tendenz zur Ausbreitung auf der ganzen Welt. Das ist, solange es mit soft power geschieht, in Ordnung. Sobald es mit militärischer Macht geschieht, ist es höchst zweifelhaft.

Würden Sie einen Chinesen, dem individuelle Rechte vorenthalten werden, also mit dem Satz trösten: Bei uns in Europa hat es auch lange gedauert, bis die Idee der Menschenrechte politisch durchgesetzt worden ist?

Nein, das würde ich so nicht sagen. Die Menschenrechte sind der chinesischen Zivilisation bisher nicht inhärent. Das gilt übrigens für sehr viele Staaten auf anderen Kontinenten.

Ihr Argument läuft darauf hinaus, dass jemand, der von seiner Regierung verfolgt oder schikaniert wird, sich in sein trauriges Schicksal fügen muss, wenn der Staat, in dem er zu leben verurteilt ist, die Menschenrechte nicht anerkennt.

Ich würde diese Schlussfolgerung nicht ziehen. Richtig ist aber, dass Verstöße und sogar Verbrechen gegen die Menschenrechte in der europäischen Geschichte als selbstverständlich hingenommen worden sind und bis auf den heutigen Tag hingenommen werden. Im Übrigen müssen Sie wissen, dass in Millionen chinesischer Häuser Maos Bild einen Ehrenplatz hat. Die normale Antwort auf die Frage nach Mao ist: 30 Prozent seiner Handlungen waren fehlerhaft, 70 Prozent waren gut. Vor allem hat er China wiederhergestellt – nach anderthalb Jahrhunderten der Kolonialisierung.

Sie merken, dass ich immer wieder Schwierigkeiten habe, Ihnen zu folgen.

Sie müssen ja nicht! Ich bin kein Propagandist der Gewalt. Das ist eine der Lehren, die ich aus den beiden Weltkriegen gezogen habe. Gewalt ist an sich ein Übel, und ich will kein Teil dieses Übels sein. Gleichwohl sind Situationen eingetreten, in denen ich Gewalt ausgeübt habe. Als Beispiel weise ich hin auf die Geiselnahme von Hanns Martin Schleyer und von neunzig Menschen, die in einem entführten Flugzeug saßen. Da haben wir Gewalt ausgeübt.

Ist es Ihnen immer noch lieber, dass die Chinesen in Deutschland investieren als die Amerikaner mit ihren »scheiß Hedgefonds«, wie Sie einmal gesagt haben?

Mir ist jede Investition in Deutschland wichtig, das

sichert unsere Arbeitsplätze. Allerdings sind Hedgefonds eine Gefahr für die ganze Welt. Es gibt verschiedene Sorten, aber im Prinzip gehören sie alle unter Aufsicht, und es sollte eine klare Trennung zwischen Hedgefonds und Geschäftsbanken geben.

Also lieber eine chinesische Investition als einen Hedgefonds?

Ich bin auch ein Gegner von chinesischen Hedgefonds.

Sie sind ein Gegner von chinesischen Hedgefonds, aber kein Gegner von chinesischen Menschenrechtsverletzungen.

Ich bin ein Gegner von allen Menschenrechtsverletzungen; aber ich bleibe ein Anhänger der Nichteinmischung in die Angelegenheiten eines anderen Staates.

Egal, was die Mächtigen dort anstellen?

Ohne Zusätze.

Aber Sie haben den Nationalsozialismus erlebt. Was wäre damals passiert, wenn andere Länder sich nicht eingemischt hätten?

Eines der anderen Länder, die sich eingemischt haben, hat auch im eigenen Land Menschenrechte verletzt. Die Einmischung der Sowjetunion war von den Deutschen provoziert worden, hier standen sich zwei ausschließlich machtorientierte Staaten gegenüber. Für

Stalin waren die Menschenrechte genauso unwichtig wie für Hitler.

Für die Engländer und Amerikaner gilt das nicht.

Ja, die waren von anderer Machart.

Auschwitz begründet für Sie keine Pflicht zur Intervention?

Wir kommen hier in ein Gebiet, auf dem mir die Antworten schwerfallen. Es hat in der Geschichte der Menschheit mehrfach Fälle von Genozid gegeben. Aber die fabrikmäßige Ermordung von sechs Millionen Juden ist in der Weltgeschichte ein neuartiges Kolossalverbrechen. Und es verlangt nach neuen Antworten. Aber ich bin nicht derjenige, der die Antworten geben kann. Die allgemeine Redensart von der »responsibility to protect« ist jedenfalls keine ausreichende Antwort.

Ist das Ihr Ernst: Nicht einmal die fabrikmäßige Ermordung von Juden unter den Nazis rechtfertigt für Sie die Intervention anderer Mächte?

Ich habe gesagt, ich bin nicht derjenige, der auf dieses neuartige Phänomen eine Antwort hat.

Würden Sie wenigstens sagen, im Nachhinein war diese Einmischung ein Segen für Deutschland?

Sie war ein Segen für jedermann – obwohl sie gleichzeitig ungeheure Opfer verlangt hat, zum Beispiel in der Sowjetunion und in Polen, in Hiroshima, in Dresden oder Hamburg. Die Opferzahlen auf allen Seiten übertreffen alles, was wir seit dem Dreißigjährigen Krieg in Europa erlebt haben. Auch das muss man in sein Gewissen aufnehmen.

13. September 2012

»Ich bin kein Vorbild«

Über Tugenden in der Politik

Lieber Herr Schmidt, Sie waren gerade erst auf dem SPD-Parteitag in Hannover, wo Sie auch eine Rede halten wollten. Warum haben Sie das dann doch nicht getan?

Zum einen ging es mir gesundheitlich nicht so gut; am Vorabend war ich in einem Zustand, in dem ich nicht hätte reden mögen. Zum anderen war das Arrangement auf dem Parteitag anders, als ich es erwartet hatte. Ich sollte nach Peer Steinbrück an der Reihe sein, der dann aber sehr lange zu den Delegierten sprach. Da habe ich mir gedacht, nun ist genug geredet - und habe dem Vorstandstisch gesagt, dass ich nicht mehr reden will, obwohl es mir ganz gut ging.

Wie wäre die Botschaft gewesen?

Solidarität mit den europäischen Nachbarn. Deutsche Politiker dürfen nicht den Eindruck erwecken, als betrachteten sie Europa so, wie die Preußenkönige es getan haben - nämlich als etwas, das es zu erobern gilt. Deutschland als politischer Führer der Europäischen Union - das geht nicht!

Hätten Sie die Rede gehalten, um Peer Steinbrück einen Gefallen zu tun?

Nein. Ich hätte sie gehalten, weil die Partei das von mir wollte. Ich hatte meine Rede auch sehr sorgfältig vorbereitet. Sie war schon seit 14 Tagen fertig.

Eigentlich ärgerlich.

Nein, ich mache irgendwann einen Aufsatz daraus.

Wer von der SPD bittet Sie eigentlich um so eine Rede, macht das Gabriel selbst?

Ja; ich glaube, in diesem Fall haben sie mich sogar zu dritt gebeten.

War das ein guter Parteitag?

Ja, das kann man sagen. Es war eine sehr gut komponierte Rede, die Peer Steinbrück da gehalten hat. Sie war allerdings ein bisschen reichlich lang, und wenn er noch einen Europaschwanz drangehängt hätte, dann wäre sie noch mal zehn Minuten länger gewesen, mindestens. Das ging also eigentlich nicht mehr. Aber die Rede über Europa schuldet er der Öffentlichkeit noch, die wird er wohl zu Beginn des kommenden Jahres halten.

Hat es Sie überrascht, dass Peer Steinbrück sich in den vergangenen Monaten in der Öffentlichkeit mit kaum etwas anderem auseinandersetzen musste als mit seinen Vorträgen?

Ja. Und ich hätte mich an seiner Stelle auch nicht darauf eingelassen. Ich hätte gesagt, diese Vorwürfe sind ein billiger Appell an die Neidgefühle kleiner Leute. Man sollte sich mal überlegen, ob die Vorträge, die er gehalten hat, das Geld nicht wert gewesen sind. Offensichtlich waren sie es wert.

Sie haben auch viel Geld für Vorträge bekommen.

Ich habe es mir zur Regel gemacht, keinen Vortrag für weniger als 15 000 Dollar zu halten. Da war ich allerdings kein Abgeordneter mehr und bekleidete auch sonst keine Ämter. Manche Gastgeber haben 20 000 gezahlt, manche 50 000. Ich habe nie darum gefeilscht. Aber wenn mir jemand ein zu niedriges Honorar angeboten hat, dann habe ich gesagt, du bist ein anständiger Kerl, ich halte den Vortrag, du brauchst nichts zu bezahlen.

Haben Sie die Honorare behalten oder gespendet?

Teils, teils. Viele habe ich gleich an die Deutsche Nationalstiftung oder an die Helmut und Loki Schmidt-Stiftung gehen lassen.

Finden Sie es nicht anrüchig, wenn ein aktiver Politiker so viel Geld von Menschen bekommt, mit denen er auch politisch zu tun hat?

Dies ist für die heutige Zeit anders zu beurteilen als für meine Zeit.

Inwiefern?

Zu meiner Zeit galt das Bundestagsmandat nicht als Hauptberuf. Da gab es Abgeordnete, die gleichzeitig Geschäftsführer eines Verbandes, einer Firma oder einer Gewerkschaft waren. In der SPD-Fraktion war das eher die Ausnahme, bei der FDP und den Christdemokraten war es selbstverständlich. Anwälte führten ihre Kanzleien weiter, Ärzte ihre Praxen. Als ich das erste Mal Abgeordneter wurde, musste ich als Angestellter der Stadt Hamburg meinen Beruf aufgeben. Infolgedessen sank unser Familieneinkommen.

Aber kann man nicht mit Fug und Recht erwarten, dass Politiker, die heute viel höhere Diäten für einen Vollzeitjob erhalten, als es zu Ihrer Zeit üblich war, in erster Linie Politik betreiben und auch offenlegen, was sie nebenbei verdienen?

Ich traue mir da kein Urteil zu. Meine Abgeordnetentätigkeit liegt heute 25 oder 30 Jahre zurück.

Wenn Sie gewusst hätten, was auf Steinbrück zukommt, hätten Sie ihn dann auch so ermuntert, ins Rennen zu gehen, wie Sie es getan haben?

Ja, ich finde diese Honorargeschichte ziemlich albern.

Sie haben eben von den »Neidgefühlen kleiner Leute« gesprochen. Manche Menschen in Deutschland, die jeden Tag zur Arbeit gehen, verdienen in einem Jahr

weniger, als Steinbrück für einen einzigen Vortrag erhalten hat. Ist das für einen sozialdemokratischen Politiker, der sich den Kampf für Gerechtigkeit auf die Fahne geschrieben hat, nicht ein Problem?

Das ist so. Natürlich verdient Steinbrück mehr als viele Arbeitnehmer. Aber das trifft auf zahlreiche Leute zu, die eine hervorragende Stellung in der öffentlichen Meinung einnehmen. Nehmen Sie Johann Wolfgang Goethe, dem ging es auch saumäßig gut! Diese Leute waren oder sind aber Teil der geistigen Führung dieser Nation.

Ist Peer Steinbrück in Ihren Augen ein Vollblutpolitiker, oder hat er auch etwas von einem Beamten?

Er ist heute vom Typus her kein Beamter mehr. Das war er mal, vor 30 Jahren, aber seine Erfahrungen als Ministerpräsident und Minister haben ihn geprägt. Ein paar Mängel hat er allerdings noch, er redet zum Beispiel zu schnell. Ich sage ihm immer: Rede langsam! Manchmal gebraucht er auch Ausdrücke, die die Leute nicht leicht verstehen. Aber die Rede in Hannover war sehr verständlich, und er hat langsamer geredet als sonst, auch deshalb hat er so viel Zeit gebraucht.

Meinen Sie, die Diskussion um Steinbrücks Vorträge wird bis zur Bundestagswahl anhalten?

Die CDU und Frau Merkel werden sich große Mühe geben, dieses Feuerchen so lange am Leben zu halten.

Und die Medien sind schlimm auf dieser Welle. Sonst haben sie gegen ihn nichts einzuwenden.

Doch, angeblich kommt er bei Frauen nicht so gut an.

Weiß ich nicht, da müssen Sie die Frauen fragen.

Frau Merkel dagegen kommt bei den Bürgerinnen ausgesprochen gut an. Man hat ohnehin den Eindruck, dass, jedenfalls in den Medien, kaum einer die Bundeskanzlerin kritisiert.

Frau Merkel wird von allen Griechen kritisiert, sie wird von vielen Menschen in anderen europäischen Ländern kritisiert, und das ist eine große Gefahr. Sie macht in dieser Hinsicht keinen guten Job; ihr wichtigstes Ziel ist es, die Staatsschuldenkrise erst nach der Wahl zu lösen und nicht früher. Natürlich muss sie dem deutschen Volk in ganz großem Maße Opfer auferlegen – und sie möchte vermeiden, dass dieser Offenbarungseid vor der Wahl bekannt wird.

Ist Ihnen bewusst, dass Sie in Deutschland eigentlich der einzige namhafte Merkel-Kritiker sind, der noch ernst genommen wird?

Falls das so ist, dann ist das ein Skandal!

Haben Sie eine Erklärung, warum der allgemeine Blick auf Politiker in Deutschland so streng geworden ist? Von den Vorwürfen gegen Christian Wulff zum Beispiel ist möglicherweise nur einer justiziabel:

dass er eine Hotelrechnung in Höhe von 400 Euro angeblich nicht selbst bezahlt hat. Zu Ihrer Zeit wären das doch Peanuts gewesen.

Ich glaube nicht, dass der Blick im Laufe der Jahre so viel strenger geworden ist, wie Sie meinen. Wulff ist für mich eine unglückliche Figur. Er ist zehn Jahre zu früh Bundestagspräsident geworden und war dem Amt nicht gewachsen. Die Lust der Medien an der Skandalisierung hatte dann aber sicher auch einen großen Anteil daran, dass er zurücktreten musste.

In Ihrer Zeit als Bundeskanzler haben Sie gelegentlich Segeltörns mit Ihrem Freund Eric Warburg unternommen. Sie sind mit der *Atalanta,* einem Schiff, das der Warburg-Bank gehörte, unter anderem nach Polen und Dänemark gefahren. Wäre das heute für einen Politiker noch denkbar, ohne dass er sofort seinen Rücktritt erklären müsste?

Das will ich hoffen, dass das noch denkbar ist! Ich habe damals keine Privatreise unternommen, sondern die *Atalanta* zum Beispiel benutzt, um einen halb offiziellen Besuch bei dem damaligen polnischen Politiker Edward Gierek zu machen. Ich habe die *Atalanta* auch benutzt, um die skandinavischen Regierungschefs zur Kieler Woche einzuladen.

In diskretem Abstand folgte die Bundesmarine, die das Ganze bewacht hat. Das würde Ihnen heute alles vorgerechnet werden.

Ja, würde ich mir vorrechnen lassen und dann sagen: Das ist mir wurscht!

Kommt diese neue Lust an der moralischen Verurteilung aus den USA?

In Amerika ist es strafwürdig nach dem Militärstrafgesetzbuch, wenn Sie als Soldat mit einer fremden Frau ins Bett gehen. Wenn das publik wird, kommt der Staatsanwalt, klagt Sie an - und Sie werden Ihren Rang los. Das kann zum Beispiel dem General Petraeus demnächst passieren.

Ist so etwas bald auch in Deutschland vorstellbar?

Man sollte die Frauengeschichten rauslassen. Es gibt wahrscheinlich unter den Politikern mindestens genauso viele untreue Ehemänner wie in der Gesamtbevölkerung, ich vermute mindestens 75 Prozent.

Diese Vermutung beruht auf eigener Beobachtung und Erfahrung?

Ja.

Kann man von Politikern nicht eine gewisse Tugendhaftigkeit erwarten?

Doch, das sollte man sogar! Politiker, die beim Lügen erwischt werden, sollte man zum Beispiel nicht mehr wählen. Gleiches gilt für Politiker, die in dubiose Geldgeschäfte verstrickt sind. Ehrlichkeit und Gesetzestreue sind sehr wichtig. Hinzu kommt in der parlamentarischen Demokratie die Kompromissfähigkeit. Leider gibt es in Deutschland immer noch Menschen, die den Kompromiss für eine Schwäche halten.

Für welche Tugenden sollte ein Politiker sonst noch stehen?

Da möchte ich Max Weber zitieren, der ja zu meinen Hausapothekern gehört: Ein Politiker sollte Augenmaß, Leidenschaft und Verantwortungsgefühl mitbringen. Diese drei Eigenschaften würde ich ergänzen um den Willen zum Frieden. Ein Politiker, der den Willen zum Frieden nicht zu seinen Grundwerten zählt, ist ein gefährlicher Mensch.

Haben Sie einen Politiker kennengelernt, den Sie wegen seiner Tugendhaftigkeit bewundert haben?

Richard von Weizsäcker würde ich hier an erster Stelle nennen.

Die Forderung, dass Politiker auch Vorbilder sein müssen, würden Sie aber nach wie vor zurückweisen?

Ein Politiker soll auf seinem Felde Vorbildliches leisten, aber es wäre eine Überforderung, wenn man von ihm verlangte, auch auf anderen Feldern Vorbild zu sein. Adenauer zum Beispiel war ein großer Staatsmann, aber ich hätte Schwierigkeiten damit, ihn generell zum Vorbild zu erklären. Ähnlich ist es mit Willy Brandt.

Und Helmut Schmidt?

Ich bin auch kein Vorbild.

Wegen des Rauchens?

Nein, das Rauchen ist ein harmloses Laster.

Sie meinen, es gibt Schlimmeres?

Es gibt viel Schlimmeres, ja. Diese Anti-Raucher-Kampagne ist eine vorübergehende Modeerscheinung, die wird in 20 Jahren wieder zu Ende gehen. Das ist so wie mit der Prohibition, die ist auch gescheitert. Manche Leute brauchen eben ab und zu mal einen Schnaps, andere einen Sekt. Ich mag keinen Sekt, aber ganz gerne einen Whisky. Und ich will mir das auch nicht verbieten lassen. Ebenso wenig wie das Rauchen.

Können Sie mit der Unterscheidung von Primär- und Sekundärtugenden etwas anfangen?

Es gibt zwei klassische Tugendkataloge. Zum einen die sogenannten theologischen Tugenden: Glaube, Liebe und Hoffnung; zum anderen die vier Kardinaltugenden nach Thomas von Aquin: Klugheit, Gerechtigkeit, Mäßigung und Tapferkeit. Mir kommt es vor allem auf Tugenden an, die ich die »bürgerlichen« nenne: Verantwortungsbewusstsein, Vernunft, innere Gelassenheit, Solidarität. Theologen haben dafür das abfällig gemeinte Schlagwort der »Sekundärtugenden« erfunden, und Oskar Lafontaine hat einmal gesagt, mit den Sekundärtugenden von Schmidt könne man auch ein KZ leiten. In Wirklichkeit sind diese Tugenden für den Zusammenhalt der Gesellschaft unerlässlich.

Tugenden wie Gehorsam, Disziplin, Pflichtbewusstsein sind in der Nazizeit aufs Schlimmste missbraucht worden.

Ja, sicher, alle Tugenden können von Machthabern missbraucht werden.

Welche Tugend ist für Sie im Laufe Ihres Lebens zur wichtigsten geworden?

Die Zuverlässigkeit. Ich muss mich darauf verlassen können, dass das, was mir jemand sagt, der Wahrheit entspricht. Ich muss mich darauf verlassen können, dass jemand, der mir etwas verspricht, alles tun wird, um es zu halten. Zuverlässigkeit deckt ein weites Feld ab.

Ist Friedfertigkeit nicht mindestens genauso wichtig wie Zuverlässigkeit?

Sie ist genauso wichtig. Und ich möchte bei dieser Gelegenheit etwas loswerden: Deutschland ist heute der drittgrößte Exporteur von Kriegswaffen auf der ganzen Welt, nach den USA und Russland. Das halte ich für eine ganz schlimme Entwicklung. Denn es heißt eben, dass wir zu der Nichtfriedfertigkeit der ganzen Welt beitragen, und zwar in einem unerhörten Ausmaß.

Wünschen Sie sich, dass dieses Thema auch im Wahlkampf eine Rolle spielt?

Ich würde, wenn ich Wahlkämpfer wäre, dieses Thema nicht aussparen.

19. Dezember 2012

»Ich war fertig gebackener Sozi«

Über 150 Jahre SPD

Lieber Herr Schmidt, warum haben Sie sich, kaum war der Krieg vorbei, von der SPD angezogen gefühlt?

Ich bin in der Kriegsgefangenschaft zum Sozialdemokraten gemacht worden.

Von wem?

Von Hans Bohnenkamp. Ich lernte ihn im Gefangenenlager in Belgien kennen, er war etwa 25 Jahre älter als ich. Ein wunderbarer Kerl, ein Freund.

Sie haben diesen Hans Bohnenkamp schon öfter erwähnt. Er hat Sie politisch überzeugt, obwohl er seit 1933 in der SA war und seit 1937 Mitglied der NSDAP?

Ich habe ihn als einen religiösen Sozialisten kennengelernt. Er hat damals eine wunderbare Rede gehalten, unter der Überschrift *Verführtes Volk,* eine Generalabrechnung mit Adolf Nazi. Die Rede hatte großen Einfluss auf mich. Ich war fertig gebackener Sozi, als ich aus dem Kriegsgefangenenlager nach Hause kam.

Sie haben damals im Lager auch einen Vortrag gehalten, und Sie wurden, ebenso wie Bohnenkamp, bereits Ende August 1945 wieder entlassen. Kamen diese Reden aus innerer Überzeugung, oder gab es auch den Hintergedanken, sich damit eventuell einen Vorteil bei den Briten verschaffen zu können?

Das spielte keine Rolle. Die Engländer waren nicht dabei, sie müssen jedoch Zuträger oder Spione im Lager gehabt haben; denn es hatte bestimmt mit den Vorträgen zu tun, dass Hans Bohnenkamp, ein paar andere und ich so schnell entlassen wurden. Die meisten Kriegsgefangenen mussten noch zwei Jahre nach Nordfrankreich, ins Bergwerk. Einige jüngere deutsche Offiziere haben unseren Auftritt als Nestbeschmutzung aufgefasst. Sie waren keine überzeugten Nazis, empfanden unsere Reden aber als Verletzung der gebotenen Loyalität. Ich habe damals übrigens über eine Sitzung des berüchtigten Volksgerichtshofes geredet, die ich miterlebt hatte.

Und wie ging es weiter mit Ihnen und der SPD?

Noch im Jahr 1945 ging ich zu den Sozis in Hamburg-Neugraben, das ist drüben auf der anderen Seite der Süderelbe. Der Ortsverein umfasste Hausbruch, Neugraben und Fischbek, er schrieb sich, glaube ich, mit zwei Bindestrichen. Für diesen Ortsverein oder Distrikt habe ich 1946 das erste Mal Einladungsplakate gemalt, zusammen mit Loki, auf dem Fußboden kniend. Die Gesichter der damaligen Genossen habe ich noch genau vor Augen, das waren alles Leute, die bis 1933 aktive Sozis gewesen waren. Als ehemaliger Kriegsoffizier wurde ich von denen zunächst skeptisch beobachtet, ich galt als verdächtig. Aber sie haben mich dann ziemlich schnell akzeptiert.

Verdächtig, weil Sie so schnell vom Wehrmachtsoffizier zum Sozialdemokraten geworden waren?

Ja, die haben alle Offiziere für Nazis gehalten - völlig falsch!

Haben Sie mit den Genossen in Neugraben über den Nationalsozialismus diskutiert?

Nein, über die Nazizeit haben wir kaum geredet. Damals ging es darum, was zu essen und was zu brennen zu kriegen. Ich habe damals ...

... geklaut?

... Bäume gefällt in der Dämmerung.

Davon haben Sie gelebt?

Nein, nein. Wir haben von Lokis Gehalt gelebt, sie war damals schon Lehrerin. Ich habe Tankstellenpächtern und Kolonialwarenhändlern bei der Steuererklärung geholfen und schlecht bezahlte Vorträge gehalten, bei der SPD und der Gewerkschaft ÖTV. Außerdem haben wir unsere Raucherkarten verkauft.

Wie bitte?

Ja, ich war noch nicht so ein schlimmer Raucher wie heute.

Das glaubt Ihnen kein Mensch!

Nee, braucht er ja auch nicht.

War der Gedanke der sozialen Gerechtigkeit für Sie ein Grund, der SPD beizutreten?

Der war in der Nachkriegszeit besonders anziehend, ja. Ich erinnere mich noch gut an den eisigen Winter 1946/47. Damals befahl der Erste Bürgermeister Max Brauer der Polizei, den Kohlendiebstahl aus Eisenbahnwaggons zu verhindern, notfalls mit Gewalt. Da wurde auch geschossen. Obwohl Brauer eigentlich mein Held war, habe ich, der Delegierte des SPD-Ortsvereins Hausbruch-Neugraben-Fischbek, ihn dafür auf dem Hamburger Landesparteitag kritisiert. Ich wollte nicht, dass die Polizei auf Menschen schießt, die um ihr nacktes Leben kämpfen.

1947 wurden Sie Chef des Sozialistischen Deutschen Studentenbundes (SDS) in Hamburg. War das damals schon eine revolutionäre Organisation?

Manche hielten den SDS jedenfalls später dafür. Ich bin 1947 mit meinem Freund Ernst Heinsen nach Hannover gefahren, um den SPD-Vorsitzenden Kurt Schumacher zu besuchen. Schumacher hat uns ein Loch in den Bauch gefragt. Er hatte allerhand gehört von diesem SDS, und er wollte am liebsten den ganzen Verband in Acht und Bann tun. Das war ein echter Generationenkonflikt, denn unter den SDS-Leuten waren Kommunisten oder sogenannte Sozialisten, und der in der Weimarer Republik sozialisierte Schumacher war ein glühender Antikommunist. Heinsen und ich haben ihm klargemacht, wie die Lage an den deutschen Universitäten ist, und haben ihn in dieser Frage umgedreht.

Im Gespräch mit dem Historiker Fritz Stern haben Sie gesagt: »Die meisten Sozis haben bis in die Mitte des 20. Jahrhunderts den Marxismus nicht als Last empfunden. Sie haben ihn als Kompass empfunden.« Selbst bei der Vorbereitung des Godesberger Programms von 1959 hätten Sie sich noch mit diesem Gedankengut »herumschlagen« müssen.

O ja! Der Marxismus galt damals noch immer als eine von mehreren möglichen Begründungen für die Sozialdemokratie. Es gab marxistische Strömungen in der Partei, und es gab die Vorstellung, dass der Marxismus politische Rezepte bereithielte. Das war in meinen Augen ein großer Irrtum. Auch wenn ich nach wie vor der Meinung bin, dass Marx ein tüchtiger Kerl war, weil seine Analysen brauchbar sind.

In diesem Jahr feiert die SPD ihren 150. Geburtstag. Wenn Sie an die Geschichte der SPD denken, welches Ereignis würden Sie spontan herausheben?

Das Nein der SPD-Fraktion zum Ermächtigungsgesetz im März 1933 und die mutige Rede von Otto Wels. Darauf kann man stolz sein.

Ja, darauf können nicht nur Sozialdemokraten stolz sein. Aber was war mit den Kriegskrediten vor dem Ersten Weltkrieg, denen die SPD zugestimmt hatte?

Das war überall in Europa das Gleiche, da sind die Deutschen in ihrer Loyalität zum Vaterland nicht anders gewesen als die Franzosen oder die Italiener. Mit Kriegsbegeisterung hatte das bei den Sozis jedenfalls nichts zu tun, wohl aber mit Pflichterfüllung gegenüber dem Vaterland.

Gibt es deutsche Kommunisten, die Ihnen Respekt abgenötigt haben?

Natürlich. Mal ganz allgemein gesagt: Völlig unabhängig davon, ob einer Kommunist war, ob Sozi, Liberaler, Konservativer oder Nationalist - jemand, der unter den Nazis gelitten hat, der hat zunächst einmal meine Sympathie. Und die Kommunisten haben sehr gelitten unter den Nazis. Meinen besonderen Respekt hatten zum Beispiel meine Schwiegereltern, die Eltern von Loki.

Die waren Kommunisten?

Sie haben zunächst eine Zeit lang die Kommunisten gewählt, später haben sie ihre Stimme der USPD gegeben, den Unabhängigen Sozialdemokraten.

Die SPD hat Sie nicht immer besonders gemocht.

Richtig.

Als Kanzler sind Sie oft auch aus den eigenen Reihen attackiert worden. Gab es irgendwann einmal den Moment, in dem Sie gedacht haben: Ihr könnt mich mal, das ist nicht mehr meine SPD?

Nee! Den hat es nicht gegeben.

Weil Sie so viel wegstecken konnten oder weil Sie gedacht haben, es werden schon wieder andere Zeiten kommen?

Aus beiden Gründen. Ich habe ein ganz dickes Fell. Mich pustet keiner aus dem Anzug!

Wer Sie etwas besser kennt, weiß, dass Sie ein ziemlich empfindsamer Mensch sind.

Das ist aber etwas anderes.

1995, viele Jahre nachdem Sie als Kanzler abdanken mussten, lange auch, nachdem Sie wegen der Nachrüstung in der eigenen Partei nur noch eine Minderheitsposition vertraten, haben Sie Ihre Teilnahme am Parteitag in Mannheim kurzfristig abgesagt, obwohl Sie dort eine Rede halten wollten. Wie war es dazu gekommen?

Es war der Parteitag, auf dem Rudolf Scharping überraschend als SPD-Vorsitzender abgewählt wurde. Anschließend rief mich ein Delegierter an, es war Johannes

Rau. Er sagte: Die haben hier den Lafontaine gewählt. Und riet mir, zu Hause zu bleiben; meine Rede passe nicht mehr zur neuen Lage.

Die *ZEIT* hat Ihre ungehaltene Rede damals veröffentlicht. Es heißt darin, niemand könne die Opposition im Bund »von den Landeshauptstädten Saarbrücken oder Hannover aus führen«. Drei Jahre später triumphierte Gerhard Schröder, aus Hannover kommend, bei den Bundestagswahlen und brachte die SPD nach 16 Jahren zurück an die Regierung. Haben Sie ihn unterschätzt?

Kann sein, dass ich den Ministerpräsidenten Schröder zunächst unterschätzt habe. Aber er hat sich im Laufe seiner Amtszeit gewaltig verändert und ist zu einem Pragmatiker geworden. Die Agenda 2010, die er als Kanzler durchgesetzt hat, ist nach wie vor die entscheidende Wende der Sozial- und Wirtschaftspolitik. Ohne sie wäre die gegenwärtig hervorragende Stellung Deutschlands im internationalen Vergleich gar nicht denkbar.

Die Agenda hat die SPD gebeutelt. Muss ein guter Politiker nicht auch im Auge haben, welche Konsequenzen sein Handeln für die eigene Partei hat?

Opportunitätshandeln ist eine Notwendigkeit für jeden Politiker, aber es kommt auf das Ausmaß an. Wenn er sich ganz und gar dem Opportunismus hingibt, dann endet er wie Oskar Lafontaine.

Sind prekäre Arbeitsverhältnisse und Niedriglöhne eine Notwendigkeit?

Noch einmal: Ich bin der Meinung, dass die Agenda 2010 im Ergebnis die notwendige Voraussetzung für die gegenwärtige Spitzenstellung Deutschlands war. Allerdings war sie schlecht vorbereitet, in Details handwerklich schlecht gemacht, und sie ist auch schlecht verkauft worden.

Muss der Reformprozess jetzt weitergehen?

Ja. Wir brauchen zum Beispiel eine Kontrolle der Finanzmärkte. Und ich halte es auch für eine normale Entwicklung einer modernen Wirtschaft, dass Mindestlöhne eingeführt werden. Allerdings nicht branchenweise oder regional, das wäre falsch.

Welche Fehler haben die Sozialdemokraten in den vergangenen Jahren gemacht?

Sozialdemokraten in ganz Europa haben die Leistungsfähigkeit ihrer Wirtschaften überschätzt. Und sie haben die Überalterung ihrer Gesellschaften nicht rechtzeitig erkannt.

Haben die Sozialdemokraten nicht auch ihren gefährlichsten Gegner unterschätzt?

Wer ist das?

Die anderen Parteien, die in Deutschland alle sozialdemokratisch geworden sind?

Ja – fast alles, was Frau Merkel macht, ist opportunitätsbedingtes Handeln. Frühere Forderungen der Sozialdemokraten werden hier erfüllt, das ist in Ordnung.

Braucht man die SPD noch, wenn die Gesellschaften insgesamt sozialdemokratischer werden?

Das ist eine nicht leicht zu beantwortende Frage. Ich glaube, dass die sozialdemokratische Bewegung wichtig bleibt und dass sie richtig bleibt; aber sie muss, genau wie die Demokraten in Amerika, ihre Programmatik und ihr tatsächliches Handeln ausrichten an den Notwendigkeiten von heute und morgen. Und die Notwendigkeiten von morgen haben mit den Notwendigkeiten, die der Marxismus vorhergesehen zu haben glaubte, nicht viel zu tun.

Was wären denn sozialdemokratische Zukunftsthemen?

Das müssen Sie die Leute fragen, die heute 50 Jahre alt sind – ich bin mehr als 40 Jahre älter. Jedenfalls muss ein auf gegenseitige europäische Solidarität gegründetes Verfassungskonzept für die künftige Entwicklung der Europäischen Union dazugehören. Desgleichen sollte ein außenpolitisches Konzept für die Erhaltung von Freiheit und Frieden auf unserem Kontinent dazugehören. Drittens müssen die europäischen Sozialdemokraten den Bestand ihrer heutigen Wohlfahrtsstaaten sichern, die wegen der schnellen Alterung der Nationen unseres Kontinents gefährdet sind.

Für die Zukunft der SPD bleiben ihre inzwischen seit mehr als einem halben Jahrhundert geltenden Grundwerte Freiheit, Gerechtigkeit und Solidarität gültig – aber der Wille zum Frieden nach außen und innen und der Wille zur repräsentativen Demokratie müssen dazukommen.

Mit welchem Partner hat die SPD die größten Chancen, nach den Wahlen im September an die Regierung zu kommen?

Zusammen mit den Grünen.

Wäre eine Große Koalition für die Sozialdemokratie schädlich oder in jedem Fall besser als die Oppositionsbank?

Das Wohl der Sozialdemokratie steht an zweiter Stelle. An erster Stelle kommt das Wohl des Landes.

Sind Sie der SPD eigentlich dankbar?

In erheblichem Maße, ja.

Sie hatte Ihnen den Aufstieg ermöglicht, über den wir seit Jahren sprechen.

Wenn ich diesen Aufstieg nicht hätte machen können in der Politik, dann hätte ich einen anderen Aufstieg in der Ökonomie oder in der Literatur gemacht.

Wirklich?

Ja.

Das ist aber schön, wenn jemand das von sich sagen kann. Dann hat er ein gesundes Selbstwertgefühl.

Oder Sie können sagen, ich sei eingebildet genug. (lacht)

Welchen Ihrer alten Mitstreiter vermissen Sie mehr: Herbert Wehner oder Willy Brandt?

Das kann ich nicht sagen. Sie sind beide zum Mythos geworden, auch gemacht worden. Und beide haben zu Lebzeiten daran mitgewirkt. Beide sind vor vielen Jahren gestorben. Was nicht normal ist, ist die Tatsache, dass ich noch lebe. Das ist mit beinahe 95 anormal.

Hat es auch mit ihrem Alter zu tun, dass Sie heute eine gewisse Deutungshoheit haben?

Aus Mangel an Führungspersonen halten sich die Leute an einen alten Mann.

Das ist ungewöhnlich. Und auch nicht sonderlich gesund. Einer hält übrigens noch gut mit: Egon Bahr, 91 Jahre alt. Er fährt noch beinahe täglich mit dem eigenen Auto in sein Büro im Berliner Willy-Brandt-Haus, und er ist gut beieinander.

Ersteres ist natürlich fürchterlich. Aber grundsätzlich habe ich Egon Bahr immer sehr geschätzt: ein feiner Kerl!

2. Mai 2013

Inhalt